GÖRLITZ

Sehenswürdigkeiten, Kultur, Szene, Umland, Reiseinfos

André Micklitza

TRESCHER VERLAG

3., aktualisierte Auflage 2021

Trescher Verlag
Reinhardtstr. 9
10117 Berlin
www.trescher-verlag.de

ISBN 978-3-89794-562-3

Herausgegeben von Bernd Schwenkros und Detlev von Oppeln

Reihenentwurf und Gesamtgestaltung:
Bernd Chill
Satz und Bildbearbeitung:
Martina Gerber
Lektorat: Hinnerk Dreppenstedt
Stadtpläne und Karten: Johann Maria Just, Martin Kapp

Gedruckt auf chlorfrei gebleichtem Papier

Printed in Germany

Alle Angaben in diesem Reiseführer wurden sorgfältig recherchiert und überprüft. Dennoch können Entwicklungen vor Ort dazu führen, dass einzelne Informationen nicht mehr aktuell sind. Gerne nehmen wir dazu Ihre Hinweise und Anregungen entgegen. Bitte schreiben Sie an **post@trescher-verlag.de.**

Titelbild: Blick von Zgorzelec über die Neiße auf St. Peter und Paul
Vordere Umschlagklappe: Blick vom Obermarkt in die Brüderstraße
Hintere Umschlagklappe: Am Untermarkt

Schmuckportal in der Langenstraße

Vorwort

»Görlitz ist die schönste Stadt Deutschlands«, war Prof. Dr. Gottfried Kiesow (†), der ehemalige Vorstandsvorsitzende der Deutschen Stiftung Denkmalschutz e.V., überzeugt. Und der Schweizer Journalist und Schriftsteller Michael Guggenheimer widmete Görlitz nach längeren Aufenthalten gar ein dickes Buch und urteilte: »Die Stadt ist wie eine Geliebte, die ich regelmäßig aufsuche.« Das sind nur zwei von vielen schwärmerischen Stimmen, die einer in der Tat ungewöhnlich reizvollen Stadt gelten.

Schon als Kinder entwickelte sich eine Beziehung, ein Band der Sympathie zu Görlitz. Die Milchzähne hatten sich verabschiedet, aber die neuen Frontzähne hielten nichts von Ästhetik: zwischen ihnen klaffte eine große Lücke. Die für derartige Fälle zuständigen Lausitzer Kieferorthopäden hatten ihre Praxen in Görlitz. Und so fuhren wir mit dem Zug und einem Elternteil vierteljährlich nach Görlitz, jeder zu seinem Zahnarzt. Danach bummelten wir mit der Mutter durch das märchenhafte Kaufhaus und staunten über all die Pracht aus längst vergangener Zeit, bewunderten die vielen schönen Häuser, die uns wie Paläste erschienen, drückten unsere Nasen an den Schaufenstern in der exquisiten Straßburgpassage platt und waren bei der An- und Abreise immer wieder von der Görlitzer Bahnhofshalle beeindruckt.

Später dann – da waren wir schon lange ein Paar – erlebten wir zusammen, wie Görlitz aus jahrzehntelangem Dornröschenschlaf erwachte und wie sich die komplette Stadt in wenigen Jahren, geradezu im Eiltempo, herausputzte.

Wer sich heute für Görlitz interessiert und gar wie wir mit dem Gedanken spielt, hierher umzuziehen, dem bietet sich die außerordentliche Gelegenheit, für bis zu vier Wochen ›Probezuwohnen‹. Wir nutzten diese Möglichkeit, und in einem mittelalterlichen Haus zwischen Ober- und Untermarkt fühlten wir uns verwandelt, angezogen vom Geist vergangener Epochen und dennoch mit allem erdenklichen Komfort der Moderne.

Wer unter einem Sonnenschirm mit einem Glas Wein am Untermarkt sitzt oder vom östlichen Neißeufer auf die majestätisch thronende St.-Peter-und Paul-Kirche blickt, wer auf sich wirken lässt, wie elegant sich hier Spätgotik, Renaissance, Barock, Jugendstil und Gründerzeit die Hände reichen, wird sich dem südländischen Zauber der Stadt nicht entziehen können.

Besuchen Sie Görlitz, denn nie war die ›Schöne an der Neiße‹ überwältigender als heute. Unser Stadtführer versteht sich als Anregung zu eigenen Erkundungen und Entdeckungen, und wir wünschen Ihnen viele angenehme Stunden oder gar Tage in der wahrhaftig schönsten Stadt Deutschlands.

Kerstin Micklitza (Fotos) und André Micklitza (Text) im Herbst 2020

Hinweise zur Benutzung

Görlitz besitzt 3500 Einzeldenkmäler, so viele wie keine andere Stadt in Deutschland. Zwei Wochen wäre man Tag und Nacht unterwegs, würde man nur fünf Minuten an jedem einzelnen verweilen. Im Rahmen dieses Stadtführers können wir nur das Wichtigste vorstellen und müssen Mut zur Lücke beweisen. Die Auswahl ist einerseits sicher subjektiv, folgt aber andererseits gängigen Auswahlkriterien: unbestritten herausragenden Sehenswürdigkeiten wird mehr Raum gewidmet als Geheimtipps. Ein Überblick zeigt, welche zehn herausragenden Sehenswürdigkeiten man auf keinen Fall verpassen sollte (→ S. 12).

Natürlich bleibt immer noch Raum für eigene Entdeckungen, und man kann sich wahrhaftig überraschen lassen. Wo immer eine Haustür offen steht, sehen Sie sich Treppenaufgänge, Deckengestaltungen und Höfe an! Oder fragen Sie höflich, ob man einen Augenblick schauen darf: Die Außenfassaden sind schön, aber der wahre Wert der Altstadt offenbart sich im Gebäude. Wer Görlitz kennenlernen möchte, sollte daher die Gelegenheit ergreifen und in einem Hallenhaus übernachten.

Unsere Stadtspaziergänge beginnen in der historischen Altstadt. Danach führen wir Sie durch die benachbarte Görlitzer Keimzelle, die Nikolaivorstadt. Anschließend erkunden Sie mit uns die nördliche Innenstadt zwischen Marienplatz und Bahnhof, danach schauen wir uns das herrliche Gründerzeitviertel der Südstadt und seine grüne Umgebung an. Abschließend überqueren Sie mit uns die Lausitzer Neiße und besuchen sehenswerte Ziele beim polnischen Nachbarn in Zgorzelec. Ausflüge in die nähere Umgebung - zur Landeskrone, zum Badeparadies Berzdorfer See, in die lieblichen Königshainer Berge, in die Wachsmann-Stadt Niesky und in das Kloster St. Marienthal - ergänzen unsere Auswahl.

Die reisepraktischen Informationen finden Sie gebündelt und übersichtlich ab S. 118. Corona-bedingt können die Öffnungszeiten 2021 von den üblichen abweichen. Man konsultiere evtl. zur Sicherheit die im Buch angegebenen Internetadressen.

Portalschmuck in der Nikolaistraße

Unterwegs mit Kindern

Das wunderbare Görlitz verzaubert Erwachsene - Kinder sehen das weniger spektakulär. Doch der Nachwuchs könnte sich später noch gern an die Stadt erinnern: Ein mittelalterliches Telefonat durch den **Flüsterbogen** am Untermarkt (→ S. 65) sorgt oft für helle Begeisterung, denn wer hat derartiges schon ohne Technik vermocht? Allerdings brauchen die Kleineren dafür Hilfe von den Großen, denn die Hohlkehle im Portal ist für Kinder allein schwer zu erreichen. Der **Reichenbacher Turm** (→ S. 46) und der Ausguck zwischen den Tumspitzen der **St.-Peter-und-Paul-Kirche** (→ S. 78) sind ohne Führung zugänglich - hier müssen Kinder keinen geschichtlichen Exkursen folgen, sondern können sich darin beweisen, die vielen Stufen allein zu erklimmen, und sich dann an der Aussicht von oben erfreuen. Und nach einer solchen Anstrengung werden sie verstehen, dass Türmer einst ein schwerer Beruf war.

Das **Spielzeugmuseum** (→ S. 85) in der Nikolaivorstadt könnte Kleine und Große begeistern, letztere vor allem, wenn sie auf eine DDR-Vergangenheit zurückblicken. Hier haben Pittiplatsch und seine Freunde, aber auch das Sandmännchen ihren großen Auftritt. Dazu gibt es immer mal wieder eine Sonderschau wie etwa zur neuen Star-Wars-Episode mit älteren Sammelfiguren. Wer will, kann hier in einer gemütlichen Ecke auch basteln und gestalten.

Der Clou im **Senckenberg Museum für Naturkunde** (→ S. 98) ist das Modell eines Regenwurms in 30-facher Vergrößerung. In einem Vivarium sind lebende einheimische und tropische Tiere zu beobachten. Wer noch mehr Tiere sehen möchte, begibt sich in den **Tierpark** (→ S. 104) in die Südstadt. Der große Spielplatz im **Stadtpark** (→ S. 100), zwischen Neuer Synagoge und Stadthalle, ist ein Ort, den alle Kinder mögen. Er hat richtige Kletterburgen und sogar ein Verlies - hier ist nichts genormt, sondern alles krumm und schief, erdacht und umgesetzt von schalkhaften Holzgestaltern.

Wenn Sie Kinder noch glücklicher sehen wollen, dann planen Sie ein ganzen Tag und vielleicht auch eine Nacht ein und fahren etwa 15 Kilomter neißeabwärts nach Zentendorf. Die **Kulturinsel Einsiedel** (www.kulturinsel.com) mit Baumhaushotel zählt zweifellos zu den schönsten Spielplätzen zwischen Ostsee und Alpen. Eine Galerie, das Café im Blockhaus, die Feuerschenke, mehrere Baumhäuser zum Übernachten, Abenteuerspielplätze, Tunnelgänge, Skulpturenpark, das Zauberschloss zum Durchklettern und vieles mehr begeistern die Besucher, und auf polnischer Seite finden sich weitere Holzbauten und Attraktionen sowie Waldrestaurant und Mühlenteichcafé. Sind Sie am Heiligen Grab unterwegs, dann befindet sich in der Nähe, am Weg ins **Kidrontal** (→ S. 87), ein kleiner Tobeplatz. In der Nähe der Landskronbrauerei, unter alten Bäumen, ist die **Parkbahn** (→ S. 107) stationiert. Hier ist der Nachbau der ersten deutschen Eisenbahnlok öfters in Aktion zu erleben. Mittendrin in der Gleisrunde findet sich ein kleiner **Kletterwald**.

Auf dem Spielplatz im Stadtpark

Das Wichtigste in Kürze

Informationen vor Reisebeginn

Zur Vorbereitung eines Besuches stehen mehrere Ansprechpartner zur Auswahl:

Görlitz-Information & Tourist-Service, Obermarkt 32, Tel. 03581/47570, www.goerlitz.de, willkommen@europastadt-goerlitz.de. Die Mitarbeiter offerieren viele Themen-Stadtrundgänge, darunter von Mitte März bis Dezember etwa vierzehntägig Sa ›Film ab!‹ (Görlitz als berühmter Filmdrehort). Beliebt sind auch die Rundgänge mit dem Görlitzer Nachtwächter, mit einem ›Mönch‹ auf den Spuren der Franziskaner oder die Tour ›Bürsten, Fächer, Keuschheitsgürtel‹, die zu einstigen Werkstätten führt. Eine der geführten Touren findet per Rad statt. Hier erkunden Interessierte auch das benachbarte Zgorzelec und das Gründerviertel.

Touristbüro i-vent, Obermarkt 33/Ecke Brüderstraße, Tel. 03581/421362, www.goerlitz-tourismus.de, info@goerlitz-tourismus.de. Stadtrundgänge, Übernachtungsservice, Tagesausflüge, geführte Rad- und Wandertouren, sehr gutes Karten- und Reiseführerangebot. Mo–Fr 9–18 Uhr, Sa 9.30–15 Uhr, So nur von April–Okt.

Förderverein Kulturstadt Görlitz-Zgorzelec (FVKS), Untermarkt 23, Tel. 7678350, www.turmtour.fvks.eu. Führungen Mitte März bis kurz vor Weihnachten.

Anreise

Auto: Görlitz ist über die A 13 von Dresden (Ausfahrt Nord) und weiter die A 4 Richtung Wrocław/Breslau (Abfahrt Görlitz) schnell zu erreichen. Wer gleich nach Zgorzelec möchte, fährt über die Neiße-Autobahnbrücke bis zur Ausfahrt Zgorzelec. Aus Richtung Cottbus gelangt man auf der B 115 nach Görlitz.

Bus: Flixbus von Düsseldorf Köln, Chemnitz und Dresden nach Görlitz (Busbahnhof Bahnhofstr./Ecke Salomonstr.). Auch von München mit Umstieg in Leipzig und von Hamburg mit Umstieg in Dortmund nach Görlitz. Fahrplan und Preise: www.flixbus.de.

Bahn: Stundentakt nach Berlin mit Umsteigen in Cottbus. Viele Verbindungen nach Dresden über Löbau und Bautzen, stündlich über Ostritz nach Zittau mit Anschlüssen nach Liberec (Reichenberg). Tgl. sieben Direktverbindungen nach Jelenia Góra (Hirschberg); www.bahn.de.

Parken

Das Parken ist in der Innenstadt Mo–Fr 9–19 und Sa 9–16 Uhr gebührenpflichtig und für max. 4 Std. erlaubt. Kostenlose Standflächen für max. 2 Std. mit Parkscheibe finden sich in der Klosterstraße und am

Blick von der Landeskrone auf Görlitz

Rathausuhr am Untermarkt

Klosterplatz, am Großen Graben und in der Sonnenstraße. In der denkmalgeschützten Altstadt dürfen nur Einheimische ihre Fahrzeuge abstellen.

Parkhäuser befinden sich nahe des Bahnhofs und am City-Center bei der Frauenkirche (geeignet für den Besuch der Altstadt).

Klima und Reisezeit

Görlitz ist ganzjährig ein lohnendes Ziel, allerdings gibt es Einschränkungen beim Besichtigen, so sind etwa Türme nur von April bis Dezember zugänglich. Einige gastronomische Einrichtungen sind über die Wintersaison geschlossen, so Cafés.

Das Klima ist wegen der relativen Nähe zu Iser- und Riesengebirge sowie Lausitzer Gebirge rauer als beispielsweise in Berlin oder Cottbus.

Unterkünfte

Für jeden Geldbeutel findet sich die entsprechende Bleibe. So befindet sich die schöne Jugendherberge direkt in der Altstadt am Untermarkt. Günstige moderne Pensionen gibt es im östlichen Stadtteil Zgorzelec gleich am östlichen Ufer der Neiße. Von hier ist man in 10 Minuten zu Fuß auf dem Untermarkt. Wer es sich leisten will, kann aber auch in mehreren Hotels mit allem Komfort und in historischem Ambiente übernachten.

Unterwegs in Görlitz

Görlitz ist ideal, um es zu Fuß zu erkunden. Längere Wege, wie beispielsweise zur Landeskrone, lassen sich mit der Straßenbahn oder Stadtlinie abkürzen. Nach Zgorzelec verkehrt die grenzübergreifende Stadtlinie P (Endhaltestelle Einkaufscenter Carrefour am östlichen Stadtrand).

Sicherheit

Görlitz ist ein sicheres Reiseziel. Lediglich Autofahrer sollten ihr Gefährt nur auf bewachten Parkplätzen oder in der Hotelgarage abstellen.

Preisniveau

Mittleres Preisniveau. Wer aufs Geld achten muss, übernachtet und speist in Zgorzelec.

Besuch in Zgorzelec

Über Altstadt- und die Straßengrenzbrücke am Stadtpark ist man schnell am östlichen Neißeufer. Deutsch wird hier (fast) überall verstanden und gesprochen. In Pensionen und Restaurants kann man auch in Euro oder mit Kreditkarte bezahlen. Ansonsten gibt es Wechselstuben und Bankautomaten. Den Personalausweis benötigt man nur zum Einchecken in der Pension oder im Hotel, Grenzkontrollen gibt es keine.

Wichtige Telefonnummern

Vorwahl: 03581.

Sperr-Notruf für ec- und Kreditkarten (bundesweit für alle Karten): 11 61 16.

Städtisches Klinikum Görlitz, Girbigsdorfer Str. 1–3, Tel. 370.

Ärztlicher Bereitschaftsdienst: Tel. 116117.

Bären-Apotheke, An der Frauenkirche 2, Tel. 385 10.

Engel-Apotheke, Berliner Str. 48, Tel. 764686.

Hirsch-Apotheke, Postplatz 13, Tel. 406496.

Ausführliche Reisetipps in den Görlitz-Informationen (→ S. 118).

Herausragende Sehenswürdigkeiten

Kaisertrutz ▾ Die Barbakane ist die originellste Stadtbefestigungsanlage in Deutschland. Hinter einer wehrhaften Kulisse ist heute das Kulturhistorische Museum beheimatet. Gezeigt werden hier 14 000 Jahre Kulturgeschichte der ostsächsischen Region, Sonderausstellungen und im dritten Stock eine kleine, aber feine Galerie der Moderne (→ S. 48).

Schönhof Im Schönhof ist heute das Schlesische Museum beheimatet, kein Zufall: Görlitz ist die größte niederschlesische Stadt, die nach dem Zweiten Weltkrieg auf deutschem Staatsgebiet verblieb. Im ältesten bürgerlichen Renaissancehaus Deutschlands wandelt der Besucher zugleich durch ein typisches Görlitzer Hallenhaus mit über einem Dutzend bemalter Holzdecken und entdeckt die farbigen Reste filigraner Wandbemalung (→ S. 56).

Rundblick vom Rathausturm ▸ Knapp 200 Stufen führen zur Aussichtsgalerie. Auf halber Höhe hat man die seltene Gelegenheit, einen Löwen aus der Reserve zu locken, so dass er brüllt. Vom luftigen Ausguck liegen dem Betrachter Unter- und Obermarkt zu Füßen, nördlich grüßt die Landeskrone, in der Ferne sind Iser- und Riesengebirge zu sehen (→ S. 62).

Görliwood Die Görlitzer Altstadt ist unter Regisseuren ein heißer Tipp. 2004 fanden hier die Außenaufnahmen für die Hollywoodproduktion ›In 80 Tagen um die Welt‹ statt. Das war der Auftakt für die internationale Beliebtheit unter Filmemachern: Bislang diente Görlitz als Kulisse für rund 80 Produktionen. Wer sich für die Drehorte und die Geschichten dahinter interessiert, ist beim Stadtrundgang ›Film ab!‹ willkommen (→ S. 68).

Barockhaus Die Sammlungen im Barockhaus gelten als das wissenschaftliche Gedächtnis der Oberlausitz. Zur aufregenden regionalen Wissenschaftsgeschichte gesellen sich Kabinettausstellungen und eine gediegene Wohnatmosphäre mit kostbaren Stuckdecken, die sächsischen Schlössern ebenbürtig sind. Am beeindruckendsten ist jedoch der Büchersaal im Westflügel, in dem die bibliophilen Schätze in fünf Triumphbögen des Wissens präsentiert werden (→ S. 71).

Sonnenorgel Die herrliche Sonnenorgel in der St.-Peter-und-Paul-Kirche ist ein Spätwerk des Orgelbaumeisters Eugenio Casperini. Mit 73 Jahren machte er sich aus Tirol auf in seine alte Heimat, um hier eine Orgel zu bauen, wie sie die Welt vorher noch nicht kannte. Der Orgelprospekt wird von 17 Kreisen mit goldenen Punkten gebildet, den ›Sonnen‹. Außerdem sind die Pfeifen der Pedalmixtur strahlenförmig um goldene Sonnengesichter angeordnet. Regelmäßig finden Klangproben statt (→ S. 81).

Heiliges Grab ▲ Weil ein Ratsherrensohn die Tochter einer verfeindeten Familie schwängerte, schickte der Vater den Sünder auf Pilgerfahrt gen Jerusalem. Der Reisende brachte von dort Pläne des Heiligen Grabes mit und stiftete eine Nachbildung im maurischen Stil. Die unveränderte Görlitzer Kopie ist sogar 300 Jahre älter und authentischer als diejenige im Nahen Osten, da diese nach Bränden dem Zeitgeschmack angepasst wurde (→ S. 86).

Stadtbibliothek Altes und neues Herz des Görlitzer Lesetempels ist der historische Lesesaal im zweiten Stock, der sicher viele Besucher erstaunen lässt. Das Gewölbe wird von 242 Pfauenaugen geschmückt. Ein moderner Anbau entstand in harmonischer Ergänzung. Mehrere schmale Glaselemente im elliptisch geformten Dach lassen hier das Himmelsblau durchscheinen (→ S. 92).

Fleischerei Büchner ▼ Was den Dresdnern der schönste Milchladen der Welt bedeutet, empfinden die Görlitzer für ihre Fleischerei in der Bismarckstraße. Beide Geschäfte sind mit farbigen Fliesen der Firma Villeroy & Boch verziert. Bei Büchner sehen Sie Motive aus dem Alltag der Metzger, so den Weg der Fleischerware von der Weide bis zur Ladentheke, aufgelockert mit allegorischen Darstellungen und Blumengirlanden (→ S. 98).

Landeskrone Vor etwa 30 Millionen Jahren wuchs der Görlitzer Hausberg als Vulkan. Ende des 18. Jahrhunderts erbauten Heimatfreunde den noch heute erhaltenen massiven Aussichtsturm, 1844 eröffnete das erste Berggasthaus. Mehrere Pfade führen auf den Gipfel, von dem sich eine weite Rundsicht eröffnet. Naturfreunde finden an der Landeskrone eine Vielzahl seltener Pflanzen (→ S. 108).

»Auf Motivsuche lief ich durch die Straßen und dachte: Dass es so etwas Schönes in Deutschland gibt! Die Architektur und die große Hilfsbereitschaft vor Ort sind sehr beeindruckend.«

Markus Bensch, Cheflocation-Scout im Filmstudio Babelsberg

Blick über die Neiße auf die Görlitzer Altstadt mit St.-Peter-und-Paul-Kirche

ANNÄHERUNG AN GÖRLITZ

Görlitz im Überblick

Fläche: Stadtgebiet 30 km², mit Ortsteilen 67 km².
Höchste Erhebung: Landeskrone (415 müNN).
Tiefster Punkt: Lausitzer Neiße (170 müNN).
Internetpräsenz: www.goerlitz.de.
Telefonvorwahl: 03581.
Postleitzahlen: 02826, 02827, 02828.
Status: Große Kreisstadt.
Bundesland: Sachsen.
Oberbürgermeister: Octavian Ursu (CDU, geb. 1967 in Bukarest/Rumänien, seit 1990 in Görlitz), seit August 2019 im Amt.
Einwohner: 56 000 (Stand Dez. 2019), davon in der historischen Altstadt: 2500.
Bevölkerungsdichte: 829 Ew./km².
Flüsse im Stadtgebiet: Lausitzer Neiße.
Größter See im Stadtgebiet: Berzdorfer See (960 ha, 330 Mio. m³).
Stadtgliederung: 9 Stadt- und 4 Ortsteile.
Nord-Süd-Ausdehnung: 19,4 km.
Ost-West-Ausdehnung: 7,3 km.
KFZ-Kennzeichen: GR.
Partnerstädte: Amiens (Frankreich, seit 1971), Molfetta (Italien, seit 1971), Zgorzelec (Polen, seit 1980), Nový Jičín (Tschechien, seit 1981), Wiesbaden (seit 1990).
Baudenkmäler: ca. 3500.
Wirtschaft: Görlitz ist das Bombardier-Kompetenzzentrum für die Fertigung von Doppelstockzügen. Die EU hat die Übernahme durch den französischen Zughersteller Alstom abgesegnet. Siemens ist hier mit dem Bau von Turbinen ansässig, das Werk soll jetzt zur Konzernzentrale für Industriedampfturbinen ausgebaut werden. Landskron ist die östlichste Brauerei Deutschlands und selbst ein Tourismusmagnet. Der renommierte Schuhhersteller Birkenstock bezieht aus Görlitz Laufsohlen und Fußbettungen. Die hiesige Alsa GmbH ist Europas führender Hersteller dafür. Die Görlitzer sind Spezialisten für anatomisch geformte Fußbettungen aus Naturkork, Korkgranulat sowie Latex. Auch die Görlitzer IT-Branche ist in den vergangenen Jahren enorm gewachsen, nicht zuletzt dank der hier ansässigen Hochschule Zittau/Görlitz.

Historisches Stadtwappen von Görlitz

Touristenübernachtungen: 327500 (2019). Durchschnittliche Aufenthaltsdauer der Besucher: 2,1 Tage.
Tagesbesucher/Jahr: knapp 2 Millionen.
Umsatz im Tourismus: ca. 90 Millionen Euro.
Hochschule: HS Zittau-Görlitz mit Fachrichtungen u.a. Informatik, Maschinenbau, Wirtschaftswissenschaften, Tourismus, Sozialwesen und Kulturmanagement (ca. 3100 Studierende).
Forschungsinstitut: Senckenberg Museum für Naturkunde Görlitz mit Schwerpunkt Bodentiere und ihre Ökologie.
Arbeitslosenquote: 8,7% (Frühjahr 2020).

GÖRLITZ
ZGORZELEC
EUROPASTADT

Das offizielle Logo der Europastadt

Lage, Geologie und Klima

Görlitz breitet sich am westlichen Ufer der Lausitzer Neiße aus, der östlich der Neiße liegende Stadtteil gehört seit 1945 zu Polen und ist heute eine eigenständige Stadt. Die Neiße hat sich über Jahrtausende durch den östlichen Rand des Lausitzer Granitmassivs hindurch gefräst. Der Kern der Görlitzer Altstadt liegt hochwassergeschützt auf einem Felsplateau. Görlitz markiert damit den Übergang vom nördlichen Ostlausitzer Hügelland mit seinen weiten, oft sanft geschwungenen Feldern und bewaldeten Bergkuppen zum südlichen Lausitzer Bergland. Im Westen erheben sich die Königshainer Berge, ein Minigebirge, in dem der über Jahrhunderte begehrte Stockgranit zu Tage tritt.

Die durchschnittliche Höhenlage der Stadt beträgt etwa 200 Meter, die Landeskrone, der Görlitzer Hausberg, erreicht 420 Meter. Die majestätische Gestalt der Görlitzer Landmarke formte heißer Auswurf. Die sich im Tertiär geöffnete Erdkruste gebar einen kleinen, aber echten Vulkan. Einige vom Abbau verschont gebliebene Basaltkegel sind noch heute der sichtbare Beweis dafür. An einigen Basaltblöcken spielt die Kompassnadel verrückt – der dort enthaltene Magneteisenstein wurde durch Blitzschlag umgepolt und reagiert daher anders als gewöhnlich. Dieses Naturphänomen hielten die ersten Forschenden für ein Weltwunder, erst 1941 ging man der Angelegenheit wissenschaftlich auf den Grund. Durch Görlitz verläuft der 15. Meridian. Hier wird die Mitteleuropäische Zeit, ganz ohne Abweichung, exakt angezeigt.

Görlitz ist womöglich die schönste, sicherlich aber die östlichste Stadt in Deutschland. Auch wenn man es bei einem Besuch der Altstadt nicht auf den ersten Blick vermutet, Görlitz ist von Flora reich beschenkt. Über die Hälfte des Stadtgebiets bedecken Grünflächen, Parks und Wäldchen. Am südlichen Stadtrand gruben Bergarbeiter samt Tagebaugerätschaften ein riesiges Loch in die Erde. Heute ist daraus ein künstliches Gewässer mit fast 1000 Hektar entstanden, der Berzdorfer See.

Die Vorgebirgslage beschert Görlitz zwar ein Binnenlandklima, das hier aber als sogenanntes Vorgebirgs-Reizklima wirkt. Die durchschnittliche Jahreslufttemperatur beträgt um die 8 Grad, der jährliche Niederschlag etwa 650 Millimeter. Statistisch betrachtet, bringt der August die meisten Niederschläge, der trockenste Monat ist der Februar. Mitunter ist es hier viel kälter als in Berlin oder Cottbus. Aus Südost bläst dann ein kühler oder gar eisiger Wind von den nicht all zu weit entfernten Höhen des Iser- und Riesengebirges.

Architektur

Görlitz zeigt sich als ein einzigartiges Nebeneinander verschiedener Baustile. Eine große Anzahl an Bauten sind gänzlich oder zu großen Teilen im Original erhalten, und so erleben Besucher das authentische Stadtbild einer mittelalterlichen Altstadt und einer noblen Wohn- und Geschäftsstadt des ausgehenden 19. Jahrhunderts. Görlitz hatte oft Glück im Unglück, so auch 1525. Ein großer Stadtbrand zerstörte 180 Gebäude und damit fast ein Drittel der Bebauung. Der Wiederaufbau wurde in die Hände des Baumeisters Wendel Roskopf gelegt, ein Meisterschüler des berühmten Benedikt Ried. Auf der Prager Burg hatte er zuvor seine Kenntnisse perfektionieren können. In Böhmen hatte er Kontakt zu italienischen Baumeistern, die ihm die neue Baukunst der Renaissance vermittelten. Die strahlende Wiedergeburt der Neißestadt in einer erstaunlichen Einheitlichkeit und Großzügigkeit ist vor allem Roskopf zu verdanken. Anfangs orientierten sich die Bauherren an den Metropolen Prag und Wien, später auch an Dresden und Leipzig. Aber nur kopieren zu wollen war nicht die Haltung der Görlitzer. Hier strebte man nach etwas Eigenem, Unverwechselbarem. So entwickelte sich die spezielle Görlitzer Renaissancearchitektur, die italienische Bauformen harmonisch mit böhmischen, schlesischen und ungarischen Einflüssen verband. Zum sogenannten Görlitzer Renaissancestil gehört eine spezielle Fassadengestaltung mit Pilastern und Gesimsen und eigenwilligen Fensterbändern in der Fassade und einer eigenständigen Farbgestaltung. Oft schmücken die Gestaltungselemente Kannelüre und Pfeife Roskopfsche Pilaster und Portale. Kannelüren sind aneinander gereihte halbrunde Vertiefungen, in die die Pfeife, ein halbrunder Stab, eingestellt ist. Am Portal Peterstraße 7 und an einem Teil der Peterskirche wurden diese Halbrundstäbe tatsächlich wie Spielmannspfeifen mit Mundloch und Grifflöchern gestaltet. Farbige Holzbalkendecken und Wandmalereien vervollständigten die baukünstlerische Arbeit.

Als die Handelstätigkeit zunahm und Reichtum in die Stadt brachte, suchten die Görlitzer Groß- und Fernhändler nach Möglichkeiten, dem baulich zu begegnen und die Aufnahmekapazität ihrer Fernhandelshöfe zu vergrößern. Durch Zusammenlegung mehrerer kleinerer Gebäude und die Einfügung einer über alle Obergeschosse führenden Zentralhalle entstand das einzigartige repräsentative Görlitzer Hallenhaus als Ausdruck des bürgerlichen Machtanspruchs und des die Stadt beherrschenden Fernhandels.

Die historische Innenstadt wurde Mitte des 19. Jahrhunderts zu klein und zu eng. Man ließ die Altstadt weitgehend unangetastet und erweiterte die Stadt um ein neues Zentrum auf dem ehemaligen Viehmarkt, dem heutigen Postplatz. Lediglich die Randbereiche der Altstadt an der Elisabethstraße, dem Grünen Graben und der Hugo-Keller-Straße und Teile des Obermarktes sowie die Steinstraße wurden gründerzeitlich überformt. Der reiche Landbesitz der Stadt sicherte preiswertes Bauland, und Steuervergünstigungen zogen Bauwillige nach Görlitz. Aber auch begüterte Einheimische trachteten danach, ihren neuen Wohnort außerhalb der Altstadt zu suchen. Sehr schnell wuchs die gründerzeitliche Stadt Richtung Bahnhof und darüber hinaus. Neben großzügig angelegten neuen Verkehrs- und Einkaufsstraßen entstanden prächtige Wohnstraßen wie die Augustastraße und die Blumenstraße.

In dieser Zeit galt Görlitz auch als Spielwiese für Architekten: Gerhard Röhr und Baumeister wie Oscar Voigt, Julius Grosser und August Kaempfer prägten das Gesicht der neuen Stadt. Sie verwirklichten hier ihre Ideen und ließen dabei Anregungen aus Berlin und Breslau einfließen. Zahlreiche wohlhabende Pensionäre verbrachten in der Stadt ihren Lebensabend. Um die Wende vom 19. zum 20. Jahrhundert war Görlitz als anmutigstes und attraktivstes ›Pensionopolis‹ Deutschlands bekannt. Mit großem Wald- und Landbesitz galt Görlitz gleichzeitig als eine der reichsten Städte Deutschlands. Hier konnten gut betuchte Bürger ihren Anspruch an gehobener Lebensqualität und ihren Repräsentationsanspuch ausleben, aber auch ihre wirtschaftlichen Interessen verwirklichen.

Görlitz wirkt wie ein riesiges Freilichtarchitekurmuseum

Von den Kriegswirren des Zweiten Weltkrieges blieb Görlitz weitgehend verschont. Obwohl die Nazis Görlitz zur Festung erklären wollten, blieb der Stadt dieses Schicksal erspart. Die Rote Armee rückte schnell Richtung Berlin vor und nahm Görlitz in dem Zuge kampflos ein. So konnte eine Schlacht um Görlitz verhindert werden, am Ende des Krieges waren nur 37 zerstörte und einige hundert beschädigte Häuser zu verzeichnen. Die auffälligsten Baulücken, wie beispielsweise die zerstörte Löwenapotheke am Obermarkt, wurden bereits in den 1950er Jahren durch qualitätsvolle Neubauten geschlossen. Die jahrzehntelange Vernachlässigung zu DDR-Zeiten führte zwar zu argen Bauschäden, ließ das historisch gewachsene Stadtbild aber bis auf wenige Bereiche – Brunnenstraße, Heiliggrabstraße oder einige Gebäude hinter dem Rathaus – unangetastet. Drohendes Unheil lässt ein DDR-Städteführer nur erahnen: »Großzügige Projektierungen dürfen sich nicht von einer kleinlichen Altertümelei leiten lassen, sondern haben der Perspektive der gesamten gesellschaftlichen Entwicklung zu entsprechen«. Nachdem über Jahre das Quartier hinter dem Rathaus nach und nach abgerissen worden war, erfolgte im Oktober 1989 die einzige Sprengung eines Altstadtgebäudes. Ihr fiel die ehemalige Gaststätte ›Vater Grün‹ direkt hinter dem Rathaus zum Opfer. Mit Hubschraubereinsatz versuchte man die Häuser Rosenstraße 4 und 5 abzureißen, was jedoch misslang.

Mit der politischen Wende wurde auch diesem Treiben ein Ende gesetzt und die in der Geschichte der Stadt einmalige Stadtsanierung nahm ihren Anfang. Görlitz konnte sich seit 1991 als eine von fünf Modellstädten in Ostdeutschland über zusätzliche Gelder freuen, und seitdem regnete es Fördermittel der Deutschen Stiftung Denkmalschutz, seit 1995 vom Förderprogramm Städtebaulicher Denkmalschutz. Ein Görlitzer Märchen aber endete im April 2016: Alljährlich im Frühjahr hatte ein Görlitz-Liebhaber die ›Altstadtmillion‹ überwiesen – eine Million D-Mark, seit der Währungsumstellung gut 500 000 Euro.

Gottfried Kiesow erwarb sich große Verdienste bei der Sanierung der Görlitzer Baudenkmäler

Figurengruppe ›Telefonie‹ auf dem Postamt am Postplatz

Seit 1995 kamen so über 10 Millionen Euro zusammen. Mit dem Geldsegen waren jedoch zwei Bedingungen verknüpft: Die Identität des Spenders durfte nicht öffentlich werden, und das Guthaben war ausschließlich für die Sanierung des denkmalgeschützten Görlitzer Altstadtbestandes bestimmt. Alle mit diesen zusätzlichen Finanzen herausgeputzten etwa 1500 Objekte tragen an der Hauswand eine kleine Edelstahlplakette.

Rund 3500 Gebäude und zahlreiche Gartendenkmale stehen unter Denkmalschutz. Damit ist Görlitz eines der größten Flächendenkmale Deutschlands. Von besonderer Bedeutung ist die Tatsache, dass man an Görlitz nahezu lückenlos die städtebauliche Entwicklung der Stadt vom Mittelalter bis in unsere Zeit ablesen kann. Von der Gotik über Renaissance, Barock und Gründerzeit bis hin zum Jugendstil und den Bauten der 1920er Jahre blieb fast alles original erhalten. Würde man sich für die Betrachtung von Details bei jedem Baudenkmal nur fünf Minuten Zeit nehmen, wäre man hier 14 Tage und Nächte nonstop beschäftigt. Der ehemalige Vorstandsvorsitzende der Deutschen Stiftung Denkmalschutz, Prof. Dr. Gottfried Kiesow, nannte Görlitz die schönste Stadt Deutschlands. Prächtig seien auch Bamberg, Heidelberg oder Regensburg, aber: »Es gibt hierzulande keine ähnliche unzerstörte gewachsene Bausubstanz aus mehreren Jahrhunderten in dieser Dichte ... Nach meiner Meinung ist Görlitz ... eine der bedeutendsten Städte in Europa ... und ein großartiges Gesamtkunstwerk«.

Peter Mitsching kennt den Görlitzer Denkmalbestand sehr genau. Der gelernte Diplom-Designer ist zwar kein Görlitzer Urgestein, »aber einen Inventarstempel habe ich schon«, meint er schmunzelnd. Schon 1977 begann er in Görlitz seinen Dienst als Farb- und Oberflächengestalter. Er baute die Stadtbildpflege auf, und mit Farbenleitplan und Farbtonkarten für jedes einzelne sanierte Gebäude wurde das Stadtbild in einem Zeitraum von über 35 Jahren auf wissenschaftlicher Basis stilgetreu erarbeitet. Sein engagiertes und immerwährendes Eingreifen als ehemaliger Görlitzer Stadtbild- und später Denkmalpfleger war für die Stadt ein großes Glück. Stilbrüche ließ Mitsching nicht zu, er setzte sich stets für das Originale ein. Vier große Sanierungsprojekte in Görlitz standen unter seiner Regie, sind sozusagen die Krönung seines Lebenswerkes und auch für die Nachwelt im authentischen Aussehen konserviert: Die Bahnhofshalle, das Kaufhaus am Demianiplatz, die historische Lesehalle der Stadtbibliothek sowie die Neue Synagoge.

»Im Rathaus haben wir beim Entfernen von Zwischendecken eine sehr schöne bemalte Renaissanceholzdecke gefunden«, erzählt er. Solche Überraschungen sind in Görlitz keine Seltenheit, weshalb in den denkmalgeschützten Häusern vor und während aller Bauphasen die Befunde analysiert werden: Putz wird behutsam untersucht, um darunter liegende Schichten prüfen zu können, Farbschichten werden analysiert, Probebohrungen geben Aufschluss über das Alter von Deckenbalken und Dachstühlen. Bei einer solchen angeordneten Untersuchung wurden zum Beispiel 2010 die hervorragend erhaltenen Wandmalereien von 1533 im heutigen Frühstücksraum des Hotels ›Schwibbogen‹ am Obermarkt entdeckt und anschließend restauriert.

Etwa drei Viertel der Arbeiten in der Innenstadt sind bisher vollendet, es bleibt aber noch einiges zu tun. Noch nie in seiner Geschichte wirkte Görlitz in seiner Gesamtheit so schön und herausgeputzt wie in der Gegenwart. Kriege, Krisenzeiten und mehrere Feuersbrünste waren seit dem Mittelalter wesentliche Gründe dafür, dass es in der Görlitzer Geschichte viel mehr bauliche Schandflecken gab als heute.

Die guten Kontakte zur östlichen Schwesterstadt Zgorzelec – das ist der frühere östliche Stadtteil – haben die Ausrufung zur gemeinsamen Europastadt ermöglicht. Die Aufnahme in die Weltkulturerbeliste der UNESCO wird angestrebt, denn Görlitz als ein ›Bilderbuch der Baustile‹ gibt einzigartige Einblicke für das Wachsen einer Stadt seit dem Mittelalter.

Gotik

Seit der Mitte des 12. Jahrhunderts verbanden sich, von Paris ausgehend, neue Bautechniken und Bauformen, das Bauhüttenwesen und vor allem das gewachsene Repräsentationsbedürfnis von Bürgertum, Adel und Klerus in den großen Städten zu einer neuen Architekturform, der Gotik. Herausragende Beispiele sind die hohen, lichtdurchfluteten Kathedralen, die in vielen Ländern Europas entstanden. Pfeiler und Fialen streben himmelwärts, dem Herrn entgegen. Von der vorherigen Romanik mit ihren Rundbögen unterscheidet sich die Gotik sichtbar durch typische Spitzbogenfenster und Bauten mit Kreuzrippengewölben.

Auch in Görlitz sind vor allem Sakralbauten aus jener Zeit geblieben, so Annenkapelle, Frauen-, Dreifaltigkeits-, St.-Peter-und-Paul- sowie Nikolaikirche. Auch die Bürger bedienten sich in Görlitz der neuen Bauform, obwohl dies an einigen Hallenhäusern nur noch im Inneren zu erkennen ist, da die meisten Gebäude später im Sinne der Renaissance modernisiert wurden. Daneben weisen

Herrliche Renaissance: der Erker am Schönhof

die Relikte der Stadtbefestigung samt Türmen und vor allem der Kaisertrutz noch deutlich auf die Gotik hin. Zu erwähnen sind als besondere Bauleistungen dieser Zeit auch die oft mehrgeschossig angelegten Kelleranlagen der Bürgerhäuser, die als Braukeller eine wichtige wirtschaftliche Funktion hatten.

Renaissance

Das Zeitalter der Renaissance (15. und 16. Jahrhundert) brach mit althergebrachten Traditionen, ein neues Welt- und Menschenbild kristallisierte sich heraus. Adel und Bürgertum begannen, sich vom Klerus auch mit einer neuen Architektur abzugrenzen. Die Renaissance (›Wiedergeburt‹) bezog sich auf Prinzipien der Antike und spielte mit starken Farbkontrasten. Typisch sind sowohl horizontale als auch vertikale symmetrische Achsen und treppenförmige Giebel. Verspielte Säulen und Rundbögen mit Arkaden und Pfeilern finden sich ebenso wie reich verzierte Schlusssteine, Friese oder Gesimse. Für die neue Stilrichtung gab es keine Vorbereitungs- oder Übergangszeit – sie ergriff Görlitz, einem revolutionären Akt gleich, auch als neues steinernes Zeichen der Macht der Bürgerschaft. Der Schönhof ist ein herausragendes Beispiel für die Frührenaissance, er gehört zu den ältesten Profanbauten seiner Art in Deutschland. Sein neuer Stil beeinflusste nicht nur Folgebauten in Görlitz, sondern im gesamten deutschen Raum. Viele weitere Gebäude am Untermarkt, in der Brüder-, Peter- oder Neißstraße sind mit reichen und figürlich gestalteten Fassaden versehen. Immer wieder trifft man auf Sitznischenportale mit allegorischen Figuren, Inschriften und Blütenkassetten oder auf Erker wie an Schönhof und Ratswaage. Auch üppig bemalte Holzdecken aus dieser Epoche lassen sich in vielen Häusern der Stadt bewundern.

Erst nach 1600 änderte sich das Bild, die typische Görlitzer Renaissancekunst mit ihren klaren Formen wurde nicht weiter verfolgt.

Barock

Aus der Renaissance entwickelte sich bis ins 18. Jahrhundert der Barock. In Görlitz wurde dieser Baustil vor allem nach den großen Stadtbränden von 1717 und 1726 eingeführt. Alle strengen Ordnungen wurden aufgelöst, Wirkungen durch belebende Kontraste gesteigert; schwingende, ovale und geschweifte Formen setzten sich durch. Giebel mit reichem ornamentalem Schmuck rufen Kraft und Bewegung hervor. Das Barockhaus in der Neißstraße mit reich verzierter Fassade, Kassetten unter den Fenstern sowie reichhaltigen Fensterverdachungen ist ein exzellentes Beispiel für diese Epoche. In Görlitz sieht der Betrachter überwiegend überformte Baustile, also barocke Bauformen, die sich mit gotischen oder Renaissanceformen an der Fassade vereinen. Typisches Beispiel hierfür sind das Napoleonhaus Obermarkt 29 oder auch das Haus Peterstraße 6.

Ab 1726 zog in Görlitz der Hochbarock ein, woraus sich ein ganz eigener Stil entwickelte, der nicht mit dem viel verspielteren Dresdener Barock zu vergleichen ist. In der Neißstraße fällt eine weitere Fassade mit rot und gelb aufgemalten Acanthusblättern auf. Dies ist das einzige Stadthaus mit einer derart reichen Bemalung in Görlitz. Aus der Zeit des Barock stammen auch der Neptunbrunnen auf dem Untermarkt und die berühmte Sonnenorgel aus der St.-Peter-und-Paul-Kirche sowie die barocken Grabmale und Grufthäuser auf dem Nikolaifriedhof.

Klassizismus, Gründerzeit und Jugendstil

Ab Mitte des 18. Jahrhunderts ging aus dem Rokoko als Endphase des Barock der Klassizismus hervor, dessen Vorbild die antike Kunst und Kultur der Griechen und Römer war. Als Gegenmodell zum Barock verwarf man die zahllosen Schnörkel und bevorzugte stattdessen klare Linien. Das ›Weniger ist mehr‹ hatte sich durchgesetzt. Schlichtheit in weiß, beige oder sandfarben, reduzierte Formen und Verzierungen, edle Materialien wie Marmor waren angesagt. Hochstrebende Säulen, geometrische Fenstereinfassungen, kastenförmige, manchmal gar

Schmucke Gründerzeitfassaden am Wilhelmsplatz

spartanisch wirkende Gebäude prägen diese Epoche. Sie strahlen Erhabenheit und Sachlichkeit aus, der Betrachter kann Kühle und Distanz spüren. Beispiele für den Klassizismus in Görlitz sind das Stadttheater und das Humboldthaus, heute Sitz des Naturkundemuseums.

Schönster Jugendstil: die Straßburgpassage

Einen Großteil des Görlitzer Denkmalbestandes machen die Gebäude des Historismus und des Jugendstils aus, zwei Drittel davon sind Wohnquartiere in der Innenstadt. Prächtig ausgemalte und stuckverzierte Hauseinfahrten und Treppenaufgänge, parkähnliche Höfe und großzügige Wohnungen mit Stuckdecken, Schmuckparkettfußboden und wertvollen Einbauten sind baukünstlerisch bedeutsam. In etlichen Wohnungen sind sogar die Kachelöfen aus Meißner Produktion erhalten und zeugen von dem prächtigen und aufwendigen Wohnstil des 19. Jahrhunderts.

Mitte des 19. Jahrhunderts entstand mit der Industrialisierung und den damit zusammenhängenden Wanderungsbewegungen in die Städte ein großer Bedarf an Wohnbauten. Ganze Viertel entstanden in der Zeit nach der Reichsgründung 1871, weshalb oft von der ›Gründerzeit‹ gesprochen wird. Zahlreiche Bauten aus dieser Phase wurden in allerlei Neo-Spielarten errichtet, einer Vermischung von Bauformen aus verschiedenen historischen Baustilen. Die Architekten bedienten sich aus dem Fundus vergangener Jahrhunderte, kopierten und kombinierten ohne Scheu. So entstanden prächtige, teils überreich geschmückte Fassaden mit wuchtigen Erkern, Stuckverzierungen wie aus Zuckerguss, aufwändig dekorierte Fenster, an den Seiten von pompösen Säulen gerahmt, auf dem Sockel fein gearbeitete florale und geometrische Elemente, Fenster der unteren Stockwerke mit verschnörkelten Rundbögen, Fenster der vorletzten Etage mit Spitzgiebeln gekrönt. Und dazu Antlitze wie von grotesken Fabelwesen. Noble Beispiele dieser Stilrichtung – mit großzügigen Räumen, eleganten Treppenhäusern, Erkern und Balkonen – finden sich in der Görlitzer Innenstadt. Materialien wie Stahl, Eisen und Glas ermöglichten neue Konstruktionen und brachten neue Ausdrucksmöglichkeiten in der Architektur mit sich.

Lange Zeit wurden die Bauten des Historismus als ›nicht beachtenswerter Kulturenmix‹ missachtet, und oftmals wurden bei Sanierungen die Häuser ihrer Architektursprache beraubt. Übrig blieb dann in der Regel eine gesichtslose Lochfassade ohne baukünstlerische Aussage. Erst Ende der 1970er Jahre wurde der baugeschichtliche Wert dieser Epoche auch fachlich anerkannt und ihrer Verschandelung ein Ende gesetzt. Bereits Ende der 1980er Jahre begannen Hauseigentümer bei der Sanierung ihrer Häuser neue Gestaltungsformen vor allem bei der Ausmalung der Hauseinfahrten und Treppenhäuser, aber auch bei der Umgestaltung der Fassaden einzusetzen.

Um 1900 kam der Durchbruch eines neuen Gestaltungsstils in allen Bereichen: der Jugendstil. Neben oft mit floralen Ornamenten geschmückten Putzfassaden wurde auch weiterhin bevorzugt mit Sandstein gebaut, der widerstandsfähig und zugleich gut zu verarbeiten ist. Im Jugendstil wird kein noch so kleines Detail dem Zufall überlassen. Namhafte Architekten jener Zeit planten die Position eines dekorativen Türschilds noch vor Baubeginn exakt ein. Wichtige Stilmittel sind von der Natur abgeleitete Formen wie Gräser, Zweige oder Ranken. Die Kombination der Motive ›Jugend‹ und ›Blumen‹ tritt häufig auf. Die Architektur wurde in Verbindung mit Kunst und Kunsthandwerk zu einem einheitlichen Ganzen, bei dem immer die dekorative Schönheit in den Vordergrund rücken soll. Das zeigen eindrucksvoll der Görlitzer Bahnhof oder die Straßburgpassage.

Prächtige Jugendstilvillen und Mietshäuser sind ebenfalls in der Stadt zu finden, so die Häuser in der Joliot-Curie-Straße 4 und 5 oder die Ephraimsche Villa in der Goethestraße. Beachtenswert ist, dass sich in Görlitz – im Gegensatz zu anderen Städten – die Fassaden der Jugendstilhäuser vornehmlich durch monochrome Putz- oder Natursteinfassaden auszeichnen. Die dem Jugendstil eigene Farbigkeit entdeckt man in der Regel erst hinter der Haustür in prächtig ausgemalten Hauseingängen und Treppenhäusern und den mit farbigem Stuck ausgestatteten Wohnräumen.

1920er Jahre

In der Nachkriegszeit wandten sich die Architekten von der durch florale Elemente geprägten Bauform des Jugendstils ab und verwendeten wieder sachlichere Formen. Edelputzfassaden und Klinkerbauwerk prägen diese Gebäude, gestaltende Bauelemente werden sparsam eingesetzt und reduzieren sich oft auf Hauptgesimse, Traufbereiche und den Hauseingang. Kratzputzfassaden werden dem Glattputz vorgezogen, oft werden Granitsockel eingesetzt. Der zurückhaltende Baustil, in dem oft auch die neuen Siedlungshäuser errichtet wurden, erfährt heute oft noch nicht das gebührende Interesse, und bei Sanierungen werden häufig diese Stilelemente so überformt, dass sie nicht mehr erkennbar sind. Es besteht heute leider die Gefahr, dass dieser Baustil für die Nachwelt nur bei besonderen großen und damit beachteten Bauwerken erhalten werden kann. Ein Beispiel hierfür ist der ehemalige Handelshof Hospitalstraße 13–16, der 1925 nach Entwürfen des Görlitzer Architekten Gerhard Röhr erbaut wurde.

Nachkriegszeit

Ende der 1950er Jahre wuchsen die ersten Neubausiedlungen am Stadtrand, so in den eingemeindeten Stadtteilen Rauschwalde und Weinhübel. Die weitreichendste Ausdehnung erfolgte im Norden, im Stadtteil Königshufen. In den letzten Jahren der DDR entstand hier eine separate Neubausiedlung für etwa 16 000 Bewohner. Viele Görlitzer tauschten gern die unmoderne, dem Verfall preisgegebene Altstadtwohnung mit der uniformen, aber durchaus komfortablen Platte. Ein sehr gelungenes Beispiel für neue Görlitzer Architektur ist der Anbau an die Stadtbibliothek. Auch die wiedererstandene moderne Altstadtbrücke, die Görlitz mit Zgorzelec verbindet, schlägt einen kühnen und fotogenen Bogen über die Lausitzer Neiße.

Geschichte

Die Görlitzer Stadtchronik, seit dem Ende des 14. Jahrhunderts beinahe lückenlos im Ratsarchiv erhalten, verzeichnet glanzvolle, aber auch furchterregende Ereignisse. Hier ein kurzer Abriss:

Von den Anfängen bis zum Dreißigjährigen Krieg

1071 Das sorbische Dorf ›villa Goreliz‹ wird erstmals in einer Urkunde Kaiser Heinrichs IV. erwähnt. In der Schenkung an das Stift Meißen heißt es: »8 Königshufen im Gau Milska, gelegen aber im Dorfe Goreliz«. Eine Königshufe umfasste rund 50 Hektar. Das Gebiet befindet sich nördlich der heutigen Heilig-Grab-Straße. Das ursprüngliche Dorf Goreliz (dt. Brandstätte) vermutet man an der Lunitz. Gewachsen ist es wohl auf einer Brandrodungsfläche, worauf der slawische Name hinweist.

1100 Das Bistum Meißen lässt die Nikolaikirche erbauen. Sie gilt heute als einer der frühesten Christianisierungsorte der Oberlausitz.

1220 Deutsche Kolonisten gründen eine Siedlung an der wichtigen Handelsroute, der via regia. Sie verlief vom spanischen Santiago de Compostela bis nach Kiew, der wichtigste Abschnitt der ›Hohen Straße‹ lag zwischen Hessen, Thüringen und Sachsen im Westen und Schlesien und Polen im Osten. Außerdem führte auch eine Straße aus dem Mittelmeerraum hinauf zur Ostsee. Beide Trassen kreuzten sich auf dem Görlitzer Untermarkt. Auf der Hohen Straße beförderte man nicht nur Waren, hier waren auch Soldaten unterwegs, verbreiteten sich Krankheitserreger, Kunst und Kultur waren greifbares Gut oder gingen in den Köpfen auf die Reise, Menschen und ihre Weltanschauungen haben sich vermischt.

1224 Am westlichen Ausgang der Brüderstraße, am heutigen Obermarkt, errichten Franziskaner ein Kloster.

1301 Verbot des sogenannten Tuchausschnitts durch die Tuchmacher. Der Verkauf ist fortan nur noch einem kleinen Kreis von Tuchhändlern vorbehalten. Zusätzlich gibt man ihnen die Erlaubnis, Verkaufsbuden zu errichten, an kleine Krämer zu vermieten und einen Jahreszins zu erheben.

1303 Görlitz bekommt das Magdeburger Stadtrecht verliehen.

1329 Die Görlitzer Hersteller und Händler erhalten das Zollfreiheitsvorrecht für den gesamten böhmischen Herrschaftsbereich.

1330 König Johann verleiht der Stadt Görlitz das Münz- und Wechselrecht.

1339 Görlitz darf eine Waidniederlage gründen. Mit der Genehmigung ist das Stapel- und Verkaufsvorrecht des bedeutsamsten Tuchfärbemittels der damaligen Zeit garantiert. Im selben Jahr gibt Regent Johann das Versprechen, die Stadt Görlitz für alle Zeiten an die böhmische Krone zu binden.

1346 Görlitz, Bautzen, Zittau, Lauban, Löbau und Kamenz schließen den Oberlausitzer Sechsstädtebund. Hauptgrund für diese Entscheidung sind die Wegelagerer, die die Kaufleute vielerorts erleichtern. Die Chronik berichtet von »grosin unlidelichen schadin von roubern und andirn bosen luten.« Der Bund entwickelt sich später auch zu einem politischen Schwergewicht und kann seine wirtschaftlichen Interessen gegenüber Adel und Landesherren durchsetzen. Das führt soweit, dass die Gegend auch als ›Land der Sechsstädte‹ bekannt wird.

1355 Kaiser Karl IV. ermächtigt den Sechsstädtebund, stellvertretend Recht und Gesetz auch mittels militärischer Gewalt durchzusetzen sowie die Landesgrenzen zu sichern. Das ist ein Novum: Andere Städtebünde im Reich lässt der Kaiser nicht so mächtig werden.

1367 Kaiser Karl IV. schenkt der Stadt Görlitz das Braurecht. Die Bierproduktion ist neben dem Tuchhandel die wichtigste städtische Steuereinnahmequelle. Anfangs zählt man etwa 100 Brauhöfe, zu Blütezeiten im 15. Jahrhundert steigt die brauende Bürgerschaft auf 125 Mitglieder bei etwa 9000 Einwohnern.

1369 Erster Görlitzer Tuchmacheraufstand. Gefordert werden unter anderem Versammlungsfreiheit, Mitsprache in der Gerichtsbarkeit und Braurecht. Der Görlitzer Rat, in dem die Tuchmacher das Sagen hatten, schmettert jedoch alle Forderungen ab.

1377 Kaiser Karl IV. erklärt Görlitz zur Residenz eines neu gegründeten Herzogtums. Herzog Johann, der jüngste Sohn Karls, regierte hier bis zu seinem Tod im Jahr 1396.

1389 Herzog Johann billigt die Vertreibung der Juden aus Görlitz, die bis 1395 abgeschlossen ist. Dazu überträgt der Regent dem Görlitzer Rat die Hoch- und Niedergerichtsbarkeit.

1396 Mit dem Tod von Herzog Johann zerfällt auch das Görlitzer Herzogtum. Nun regiert der böhmische König Wenzel das Land Görlitz.

1427 Görlitz wehrt einen Hussitenangriff erfolgreich ab. Einen Vermittler, der das Ultimatum zur kampflosen Übergabe oder zum Freikauf überbringen soll, stecken die Görlitzer in einen Sack und werfen ihn in die Neiße. Die Hussiten ziehen sich daraufhin zurück.

1433 Kaiser Sigismund erhält für den Kampf gegen die Hussiten auch Hilfe aus Görlitz. Neben eigenen Soldaten liefert die Stadt Waffen und gibt Geld. Der Dank des Regenten besteht lediglich in der Verleihung eines neuen Görlitzer Stadtwappens. Neben einem böhmischen Löwen sind fortan auch Reichsadler und Kaiserkrone abgebildet. Als der Stadtschreiber mit dem verschönerten Wappenbrief in Görlitz eintrifft, soll der Bürgermeister gesagt haben: »Ei, lieber Stadtschreiber, hättet ihr mir gebracht einen Esel mit güldenen Hoden, als ein Backofen groß, der wäre uns viel angenehmer gewesen«.

1440 Die Stadt kauft die Landeskrone von den Herzögen von Sagan und lässt die Befestigung schleifen, weil von dort häufig militärische Geplänkel ausgingen. Mit dem Baumaterial verstärkt man die Görlitzer Stadtmauern. Am Berg finden Rodungen statt, erst im 19. Jahrhundert wird wieder aufgeforstet.

1465 Ratsherrensohn Georg Emmerich schwängert die Kaufmannstochter Benigna Horschel unehelich. Als Form der Wiedergutmachung zwingt ihn sein Vater, eine Pilgerreise nach Jerusalem anzutreten. Dort schlägt man den Görlitzer Sünder nicht nur zum Ritter vom Heiligen Grabe, er skizziert auch exakte Pläne von diesem Bauwerk, um in der Heimat eine getreue Kopie zu errichten. Emmerich bringt es später selbst zum Bürgermeister und häuft Reichtümer an, weshalb er auch als ›König von Görlitz‹ in die Geschichte eingeht.

1469–1490 Matthias Corvinus, König von Ungarn und Böhmen, wird neuer Landesherr über Görlitz und die Oberlausitz.

Ende des 15. Jahrhunderts Görlitz zählt etwa 10 000 Einwohner. Logistisch ist es eine große Leistung, so viele Menschen, die keine Landwirtschaft betrieben, mit Lebensmitteln zu versorgen. Für den Eigenbedarf halten sich einige Bürger Vieh. Damit diese nicht die Stadt verschmutzen, wird der heutige Stadtpark als Viehweide bestimmt. Diese Nutzung bleibt bis ins 19. Jahrhundert erhalten.

1496 Eine große Pestepidemie rafft etwa 4000 Görlitzer hinweg, bei einer erneuten Pestwelle 1521 sterben knapp 3000 Bürger.

1520er Jahre Die Reformation setzt sich in Görlitz durch.

1525 Ein verheerender Stadtbrand zerstört knapp 200 Gebäude, darunter 24 Bierhöfe, 76 Tuchmacher-, 23 Gerber- und 8 Schneiderhäuser. Das Rathaus entgeht der Katastrophe nur knapp; glücklicherweise gelingt es, den bereits entflammten Turm zu löschen.

1526 Der Wiederaufbau wird in die Hände von Wendel Roskopf gelegt. Als Meisterschüler des Stararchitekten Benedikt Ried war er zuvor mit Arbeiten auf der Prager Burg betraut worden und konnte hier seine Kenntnisse erweitern. Die strahlende Wiedergeburt der Neißestadt in einer erstaunlichen Einheitlichkeit und Großzügigkeit ist vor allem ihm zu verdanken.

1527 Unzufriedene Handwerker planen den Aufstand gegen den Rat. Nach Jahrhunderten der Unzufriedenheit soll diesmal mit Waffengewalt eine Teilhabe an der Macht erzwungen werden. Verrat und Verhaftung lassen den Plan platzen, Rädelsführer Peter Liebig verrät unter der Folter seine Vertrauten. 9 von ihnen werden zur Abschreckung auf dem Untermarkt hingerichtet, 14 in den Kerker geworfen, 25 entziehen sich durch Flucht ihrer Strafe. Der Görlitzer Rat bestraft die restlichen Tuchmacher mit neuen diskriminierenden Zunftvorschriften. Bis ins 19. Jahrhundert bewahren Görlitzer Kaufleute und Brauhofbetreiber ihre regionalen Marktprivilegien.

1533 Wendel Roskopf gibt Margrethe Köhler, einer Enkelin von Georg Emmerich, das Ja-Wort. Mit der Ehe findet er Eingang in den gehobenen Stand der Görlitzer Geschlechter.

Görlitz um 1575, zeitgenössische Darstellung

1547 Die Görlitzer befinden sich in der Zwickmühle: Einerseits gehören sie dem evangelisch gesinnten Schmalkaldischen Bund an, anderseits ist ihr Landesherr, der böhmische König, katholischen Glaubens. Sie entscheiden sich im Schmalkaldischen Krieg, nicht gegen ihren Landesherren zu kämpfen und ziehen die eigenen Soldaten vor der Schlacht bei Mühlberg ab. König Ferdinand I. ist außer sich, erkennt Görlitz alle Privilegien ab, legt der Stadt 100 000 Gulden Strafe auf und zieht ihren Landbesitz ein. Die königliche Strafaktion geht als sogenannter Pönfall in die Geschichtsbücher ein.

Mittels Geldzahlungen – die Summe wird durch die Aufnahme enormer Schulden aufgebracht – und durch Diplomatie kann sich der Görlitzer Rat nach einigen Jahren wieder freikaufen. Nur die einstige außergewöhnliche politische Machtfülle ist fortan für immer verloren.

Jacob Böhme, der Schusterphilosoph

1555 Der einzig verbliebene Görlitzer Franziskanermönch schenkt dem Rat ›sein‹ Kloster samt Grundbesitz. Kaiser Ferdinand erlaubt der Stadt, im frei gewordenen Gebäude ein Gymnasium zu eröffnen. Es entwickelt sich nach seiner Eröffnung im Jahr 1565 zur bedeutendsten Schule in Mitteldeutschland, nur in Zwickau gibt es noch eine ebenbürtige Bildungsstätte (heute das städtische ›Gymnasium Augustum‹). Die gewachsene Schulnachfrage nach Druckerzeugnissen ermuntert Ambrosius Fritzsch, im Waidhaus die erste Görlitzer Buchdruckerei zu eröffnen.

1612 Mit der Veröffentlichung seines Buches ›Aurora oder die Morgenröte im Aufgang‹ verschreckt der Görlitzer Philosoph und Schuhmachermeister Jacob Böhme den Klerus. Der Görlitzer Rat sieht sich veranlasst, ein Schreibverbot zu verhängen.

1618–1648 Im Dreißigjährigen Krieg verarmt die Stadt. Ursachen sind vor allem Sondersteuern, durchziehende und sich einquartierende Soldaten und damit verbundene Plünderungen.

Ende der böhmischen Epoche: das kursächsische Görlitz

1635 Mit dem Prager Frieden endet die Epoche der böhmischen Herrschaft über die Oberlausitz. Dem sächsischen Kurfürsten kann jedoch vor der Übergabe die Zusage abgerungen werden, dass die Landesverfassung der Oberlausitz größtenteils weiter gilt und die religiösen Verhältnisse beibehalten werden.

1717 Der wahrscheinlich schlimmste Görlitzer Stadtbrand legt über 400 Häuser in Schutt und Asche, knapp 4000 Bewohner sind davon betroffen.

1779 Adolf Traugott von Gersdorf und Karl Gottlob von Anton rufen die Oberlausitzische Gesellschaft der Wissenschaften ins Leben. Damit gehört sie zu den traditionsreichsten Gelehrtenvereinigungen in Deutschland. Das reiche wissenschaftlich-kulturelle Erbe wird im Museum Barockhaus in der Neißstraße gepflegt und zugänglich gemacht.

1790 Johann Wolfgang von Goethe besucht Görlitz zwei Mal jeweils auf der Durchreise.

1807 Kaiser Napoleon kommt erstmals nach Görlitz und quartiert sich am Untermarkt 2 ein.

1812 Zum Auftakt des Russlandfeldzuges marschiert der Großteil des Napoleonischen Heeres durch Görlitz, der Kaiser selbst trifft hier am 29. Mai ein. Am 10. Dezember erreicht er die Neißestadt auf einem Pferdeschlitten, nun als Geschlagener auf der Flucht.

1813 Die Befreiungskriege gegen die Napoleonische Fremdherrschaft betreffen Görlitz unmittelbar. Zu Jahresbeginn erreichen die Reste der französischen Armee, immerhin noch 700 000 Soldaten und Offiziere, die Stadt. Görlitz muss sie verpflegen, über 200 000 Verwundete sind zu versorgen, knapp 2000 sterben hier. Um die Größenordnung zu verdeutlichen: In jenen Tagen leben nur annähernd 9000 Einwohner in Görlitz. Ab März erreicht die Vorhut der Alliierten die Neiße. Zar Alexander I. logiert ab 20. April im Gebäude am Obermarkt 29. Sein Bündnispartner König Friedrich Wilhelm III. erscheint am 23. April. Nach der verlorenen Schlacht bei Bautzen fliehen beide Regenten am 21. oder 22. Mai aus Görlitz in Richtung Lauban (heute Lubań). Größere Scharmützel zwischen den verfeindeten Truppen finden westlich von Görlitz statt, bei Markersdorf und Reichenbach. Am 22. Mai wird dabei Großmarschall Duroc, der engste Vertraute Napoleons, vom Splitter einer Kanonenkugel tödlich verwundet. Der Kaiser gibt der Gemeinde Markersdorf 1000 Taler für die Errichtung eines Gedenk-

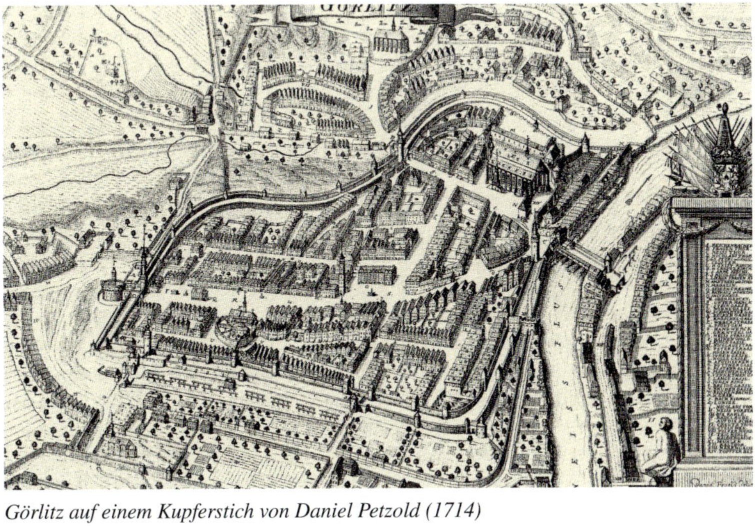

Görlitz auf einem Kupferstich von Daniel Petzold (1714)

Der Stadtbrand von 1806

steins an der jetzigen Bundesstraße 6. Das Ehrenmal ist bis heute eine winzige französische Exklave. Für die Überführung nach Paris wird der Leichnam Durocs im Haus Brüderstraße 3 einbalsamiert. Bestattet wurde der Großmarschall im Invalidendom, sein Name ist im Triumphbogen an 43. Stelle eingemeißelt. Am 9. September ziehen die letzten Soldaten Napoleons aus Görlitz ab, an ihrer Stelle rücken russische Truppen ein. Generalfeldmarschall Gebhard Leberecht von Blücher stellt die Stadt vor ein Ultimatum: Zahlung von 90 000 Talern oder Plünderung. Da die öffentliche Kasse leer ist, hilft sich der Rat mit einer Zwangshypothek: Jeder Bürger muss eine Summe von fünf Prozent seines Vermögens an die öffentliche Hand geben.

Das preußische Görlitz

1815 Im Ergebnis des Wiener Kongress kommt das sächsische Görlitz zum Königreich Preußen und wird Bestandteil der Provinz Niederschlesien und des Regierungsbezirkes Liegnitz (heute Legnica). Mit der Nachkriegsordnung ist das Ende der Kontinentalsperre verbunden, die das Görlitzer Handwerk ruinierte. Der industriellen Konkurrenz aus England, die mit billigen Exporten fortan auch die Oberlausitz überschüttet, hatte sie wenig entgegenzusetzen. Erschwerend kommt nun hinzu, dass mit dem Anschluss an Preußen auch die traditionellen Handelskontakte nach Sachsen schlagartig behindert werden.

1816 Die industrielle Revolution erreicht Görlitz. Kaufmann Maurer eröffnet an der Neiße eine Wollspinnerei-Fabrik, die Maschinen werden ab 1818 mittels Wasserkraft der Neiße angetrieben.

1844 König Friedrich Wilhelm IV. hält sich Ende Mai/Anfang Juni in Görlitz auf. Mit Bürgermeister Gottlob Ludwig Demiani besucht er den Gipfel der Landeskrone. Aus der dort gewonnenen Vogelperspektive staunt der König über Größe und Schönheit der Stadt. Demiani erwähnt die 15 000 Einwohner seiner Stadt. Der Regent erwidert, dass Görlitz von nun an die Rechte einer Großstadt zustünden und erklärt Demiani kurzerhand zum ersten Görlitzer Oberbürgermeister. Demiani ging als einer der erfolgreichen Stadtoberhäupter in die Geschichte ein. Ihm danken die Bürger beispielsweise den Eisenbahnanschluss sowie den Aufschwung des Bildungswesens und des Wirtschaftslebens. Auch das Schleifen von Teilen der Stadtbefestigung zugunsten der Stadtentwicklung regte er an. Ein großes Demiani-Denkmal findet sich zwischen Kaisertrutz und Stadttheater.

1845 Die preußische Gewerbeordnung hält Einzug. Damit herrscht nun Gewerbefreiheit, Bannmeilen für Bäcker und Metzger sind aufgehoben, und fortan kann jeder Brot und Fleisch anbieten. Im gleichen Jahr, über 450 Jahre nach ihrer Vertreibung aus der Neißestadt 1389, siedeln sich wieder Juden an. Die Gesetzgebung stellt sie zwei Jahre später mit den preußischen Bürgern gleich und räumt ihnen alle bürgerlichen Rechte ein. Vor allem die zweite jüdische Generation wird mit vielen Gebildeten eine Stütze des Görlitzer Wohlstandes. Einer von ihnen, Martin Ephraim, ist der wichtigste Mäzen der Oberlausitzer Gedenkhalle.

1849 Die Stadt benötigt zum Verkauf von Holz spezielle Eisenbahnwaggons und bestellt diese bei Christoph Lüders. Der erkennt seinen Chance und lässt eine eigene Waggonfabrik errichten. Bereits 1852 rollen mehr als 80 Waggons pro Jahr aus der Werkhalle. Lüders' Weitsicht und unternehmerische Initiative bildeten das Fundament für den bis heute bestehenden Waggonbau in Görlitz und seinen ausgezeichneten Ruf in der Welt.

1852 Der Görlitzer Kaufmann und passionierter Geflügelzüchter Robert Oettel ruft den ersten Hühnerologischen Verein Deutschlands ins Leben.

1865 Am 10. Juli schließt Minna Walch, geb. Herzlieb, für immer ihre Augen. Die Görlitzerin inspirierte Goethe zur Figur der Ottilie in seinem Roman ›Die Wahlverwandtschaften‹. Minna Walch findet auf dem Städtischen Friedhof ihre letzte Ruhe, ihr Grabstein ist bis heute erhalten.

1867 Die Berlin–Görlitzer Eisenbahn wird eingeweiht. Görlitz entwickelt sich in der Folgezeit zum bedeutenden Eisenbahnknotenpunkt, Waggon- und Maschinenbau avancieren zum wichtigsten Industriezweig. In den 1930er Jahren sorgen die ›Fliegenden Hamburger‹ aus Görlitz mit ihren Geschwindigkeitsrekorden auf der Bahnstrecke Berlin–Hamburg für Furore, heute kommen die geräumigen Doppelstockwagen, die im deutschlandweiten DB-Regionalverkehr nicht mehr wegzudenken sind, von hier.

Nach 1870 Görlitz gilt als Deutschlands ›Pensionopolis‹.Die etwa 2000 wohlhabenden älteren Einwohner, vor allem Pensionäre des preußischen Staatsdienstes aus Berlin und Breslau, sind bis zum Ausbruch der Weltwirtschaftskrise gern gesehene Neubürger. Sie werden durch die hier günstigen Grundstückspreise und niedrige Grundsteuern angelockt, die sich Görlitz wegen seines riesigen städtischen Grundbesitzes leisten kann.

Werk I des Görlitzer Waggonbaus um 1900

1885 Zur Industrie- und Gewerbeausstellung kommen über eine Million Besucher nach Görlitz. Der extra für diese Schau auf dem Dresdner Platz erbaute hölzerne Aussichtsturm wird später zum Weinberg umgesetzt und steht dort bis heute – leider verschlossen.

1887 Die Aufforstung der Landeskrone beginnt, etwa 250 000 Bäume und Sträucher werden gesetzt. Auf dem Postplatz wird im selben Jahr die ›Muschelminna‹ eingeweiht, einer der schönsten Brunnen Schlesiens.

1896 Die Görlitzer Firma Hoinkis wird gegründet, bis in die Gegenwart sind ihre ›Liebesperlen‹ (kleine Dragées aus Zucker in verschiedenen Farben) ein Exportschlager.

1897 Die städtische Berufsfeuerwehr nimmt ihre Arbeit auf, erster Dienstsitz wird das Waidhaus. Ende des Jahres rumpelt erstmals eine elektrische Straßenbahn durch Görlitz.

1899 Am Brautwiesenplatz wird der erste Kreisverkehr der Welt eröffnet.

1909 Görlitz bekommt eine elektrische Straßenbeleuchtung.

1910 Einweihung der Stadthalle nach einem Entwurf des Berliner Architekten Bernhard Sehring. Die Konzerthalle kann 2500 Besucher fassen.

1911 Einweihung der Neuen Synagoge, die nach Plänen der renommierten Bauplaner William Lossow und Max Hans Kühne errichtet wurde.

1916–1918 Während des Ersten Weltkrieges lassen 2278 Görlitzer ihr Leben ›für König und Vaterland‹. In dieser Zeit wohnen noch 14 000 Einwohner in der Stadt. Zeitweise sind in Görlitz etwa 7000 griechische Soldaten und Offiziere interniert (→ Extra S. 110).

1920er Jahre 1923 sind – bei gut 80 000 Einwohnern – über 6000 Arbeitslose registriert. Anfangs übersteht Görlitz die ökonomische Krise relativ unbeschadet, denn mit einem Grundbesitz von 310 Quadratkilometern ist Görlitz die landreichste Stadt Deutschlands. Die nach ihrem Ausscheiden aus dem Staatsdienst zugezogenen recht wohlhabenden Pensionäre, viele aus Berlin und Breslau, machten etwa 15 Prozent der Gesamtbevölkerung aus. Die Hyperinflation des Jahres 1923 – ein US-Dollar entspricht Mitte November 1923 4,2 Billionen Reichsmark – macht aus ihnen in kurzer Zeit bettelarme Sozialhilfeempfänger.

1932 Die Weltwirtschaftskrise erreicht ihren Gipfelpunkt, allein in Görlitz sind knapp 20 000 Menschen arbeitslos. Am 18. April hält Adolf Hitler auf dem Friedrichsplatz eine Rede. Im selben Jahr öffnete der Kaisertrutz als historisches Museum seine Pforten für Besucher. Die WUMAG (→ Wirtschaft) liefert den Stromlinientriebwagen ›Fliegender Holländer‹ an die Deutsche Reichsbahn aus, der fortan Geschwindigkeitsrekorde aufstellt.

Görlitz in der NS-Zeit

1933 Die Mehrheit der Görlitzer arrangiert sich mit dem Nationalsozialismus. Im März verhaftet das Regime 250 Parteigänger der KPD und SPD sowie andere politische Gegner. In Leschwitz/Weinhübel entsteht für diese Aktion ein provisorisches ›Schutzhaftlager‹. Die NSDAP gewinnt die Wahlen zur Stadtverordnetenversammlung und hat fortan die absolute Mehrheit inne. Bereits in der ersten Sitzung werden Umbenennungen beschlossen. So heißt die Berliner Straße nun Adolf-Hitler-Straße, aus dem Postplatz wird der Hindenburgplatz. Beide Namensgeber werden wenige Wochen später auch zu Görlitzer Ehrenbürgern ernannt.

1934 Johannes Wüsten, der bekannte Görlitzer Maler, Schriftsteller und Kupferstecher (→ S. 50), ist KPD-Anhänger. Daher flüchtet er zuerst nach Böhmen und emigriert dann nach Frankreich. Er wird 1940 in Paris verhaftet und ins Zuchthaus Brandenburg-Görden überführt, wo er 1943 stirbt.

1936 Die WUMAG (→ S. 41) liefert den ersten deutschen Doppelstockreisewagen aus.

1937 Die Gestapo zerschlägt die Görlitzer Widerstandsgruppe ›Peter‹. Über 100 Anhänger werden wegen Hochverrats angeklagt.

1938 In der Reichspogromnacht wütet auch in Görlitz der faschistische Mob. Die Gewalt richtet sich gegen jüdische Mitbürger und ihre Geschäfte, ein Brandanschlag beschädigt die Synagoge glücklicherweise nur wenig. Sie blieb als einzige in Sachsen original erhalten.

1939 Die Volkszählung im Mai ergibt knapp 94 000 Einwohner. Görlitz ist wie schon vor dem Ersten Weltkrieg neben Wiesbaden eine der finanzkräftigsten Städte Deutschlands.

Ab 1. September nimmt das Infanterie-Regiment 30 Görlitz/Lauban am Überfall auf Polen teil. Später verlegt man das Regiment nach Belgien, Frankreich und an die Ostfront.

Am 7. September kommen knapp 2000 polnische Kriegsgefangene nach Görlitz, anfangs provisorisch in ein Durchgangslager, dann in das Kriegsgefangenenlager Stalag (Stammlager) VIII A in Moys auf der östlichen Seite der Lausitzer Neiße.

Die Altstadtbrücke in den 1910er Jahren

1940 Englische Bomber werfen ihre tödliche Fracht auf dem Fabrikgelände der WUMAG ab. 2 Arbeiter sterben, 20 erleiden Verletzungen.

1941 Ab 1. September werden auch alle Juden in Deutschland gezwungen, den Davidstern mit der Aufschrift ›Jude‹ zu tragen, vier Wochen später dürfen sie auch nicht mehr legal auswandern. Ende des Jahres deportiert man die in Görlitz verbliebenen Juden anfangs in das Arbeitslager bei Rothenburg O/L., 1942/43 in die Vernichtungslager.

1942 Fast alle Denkmäler werden vom Sockel genommen, Kirchenglocken abgehängt. Sie werden der Rüstungsindustrie zugeführt und dort eingeschmolzen.

Am 29. September kommt der Schriftsteller und Nobelpreisträger Gerhart Hauptmann ins Stadttheater. Aufgeführt wird sein Werk ›Iphigenie von Delphi‹. Damit ehrt die Stadt das Lebenswerk des schlesischen Dichters aus dem Riesengebirge, der in diesem Jahr seinen 80. Geburtstag begeht.

1943 Im Biesnitzer Grund wird ein gleichnamiges Außenlager des KZ Groß Rosen in Betrieb genommen. Die etwa 1400 Gefangenen, in der Mehrzahl Juden, kamen aus den Konzentrationslagern Auschwitz und Groß Rosen zur Zwangsarbeit nach Görlitz, insbesondere in die WUMAG.

1945 Im Januar kommen zahlreiche Flüchtlingskolonnen aus den umkämpften östlichen Reichsgebieten in die Neißestadt. Am 18. Februar müssen alle Frauen und Kinder Görlitz verlassen, im März zählt die Stadt nur noch etwa 28 000 Bewohner. Seine letzte öffentliche Rede hält Reichspropagandaminister Joseph Goebbels am 8. März in der Görlitzer Stadthalle; sie wird im letzten Wochenschaubericht dokumentiert: »Jene Divisionen, die jetzt schon zu kleinen Offensiven angetreten sind und in den kommenden Wochen und Monaten zu Großoffensiven antreten werden [Applaus!], werden in diesen Kampf hineingehen wie in einen Gottesdienst … vor dem der Feind erblassen wird.« Zu jenem Zeitpunkt ist Görlitz bereits zu einer ›Festung‹ erklärt worden, und die Männer, die für den Einsatz an der Front zu alt sind, werden zum Volkssturm eingezogen. Am 7. Mai türmen die Görlitzer NSDAP-Spitzen, darunter auch der Oberbürgermeister. Eine beabsichtigte Sprengung des Rathauses und einiger Türme fand nicht mehr statt, aber alle Neißebrücken werden von deutschen Truppen unterbrochen.

Vom Ende des Zweiten Weltkrieges bis zum Ende der DDR

1945 Am 8. Mai übernimmt die Rote Armee fast kampflos das Kommando. Die Görlitzer hatten ihre Häuser mit weißen Tüchern beflaggt. In der Innenstadt sind bei Kriegsende daher nur knapp 40 Gebäude total zerstört, jedoch 1600 beschädigt. 2500 Weltkriegstote stammten aus Görlitz. In den ersten Monaten der Besatzung durch die Sowjetarmee leiden besonders die Mädchen und Frauen, die massenhaft vergewaltigt werden. Der von den Sowjets eingesetzte Oberbürgermeister Alfred Fehler stirbt wenige Wochen nach Dienstantritt am Hungertyphus.

Görlitz verliert durch die Abtrennung der Gebiete östlich von Oder und Neiße sein wirtschaftliches Hinterland im Osten. Ende Juni vertreiben die polnischen Behörden die deutsche Bevölkerung aus dem östlichen Görlitz. Görlitz muss etwa 12 000 Flüchtlinge aus den Ostgebieten aufnehmen. Die neue Grenzziehung spaltet auch Kirchengebiete, die man bislang von Breslau aus verwaltet hatte. Westlich der Lausitzer Neiße verbleiben evangelische und katholische Reste des einstigen Bistums Breslau, die fortan aus Görlitz betreut werden. Ein Großteil des schlesischen Klerus verbleibt nach der Vertreibung vorerst in der Neißestadt, im Glauben an eine baldige Rückkehr in die alte Heimat. Bis heute ist Görlitz ein bedeutendes kirchliches Zentrum, denn hier residieren seit 1952 ein evangelischer und seit 1994 auch ein katholischer Bischof.

Anfang Juli kommt Görlitz zusammen mit den verbliebenen westlichen Gebieten des aufgelösten Regierungsbezirkes Liegnitz zum Land Sachsen. Im Juli/August herrscht in der von Flüchtlingen und Vertriebenen überfüllten Stadt eine grausame Hungersnot, die viele Opfer fordert. Allein für August sind fast 1000 Verhungerte dokumentiert. Auch der nächste Oberbürgermeister ist nur vier Monate im Amt. Walter Oehme erklärt die Region Görlitz zum Notstandsgebiet, um die katastophale Lage zu lindern. Wegen angeblicher Korruption wird er verhaftet und sitzt sechs Jahre unschuldig unter anderem im Zuchthaus Bautzen. Erst 1963 wird er rehabilitiert.

1947 Die sowjetische Militärbehörde entlässt Großbetriebe aus ihrer Zuständigkeit. Sie werden zu ›volkseigenen Betrieben‹, so auch der Görlitzer Waggonbau.

1948 In der Stadthalle werden dem Nazi-Oberbürgermeister Dr. Hans Friedrich August Meinshausen und dem NSDAP-Kreisleiter Dr. Bruno Malitz der Prozess gemacht. Sie werden zum Tod verurteilt.

Ende Oktober eröffnet der Kaisertrutz mit seiner Städtischen Kunstsammlung seine Pforten.

1949 Der VEB (Volkseigener Betrieb) Waggonbau liefert die ersten D-Zug-Wagen aus.

1950 Zum Sommeranfang eröffnet das frühere Karstadt-Warenhaus als HO-Warenhaus, zur damaligen Zeit das größte in der DDR. Im Juli unterschreiben die Ministerpräsidenten der DDR und Polens, Otto Grotewohl und Jozef Cyrankiewicz, im östlichen Stadtteil Zgorzelec den ›Görlitzer Vertrag‹. Dieses Abkommen bestätigt die auf der Potsdamer Konferenz beschlossene Oder-Neiße-Linie als neue Grenze zwischen Deutschland und Polen.

1952 An der Rathaustreppe wird eine Kopie der berühmten Görlitzer ›Justitia‹ aufgestellt. Das Original wurde während des Zweiten Weltkriegs ausgelagert und gilt seither als verschollen.

1953 Görlitz ist ein Zentrum des Arbeiteraufstandes gegen die SED-Diktatur, der seinen Höhepunkt am 17. Juni erreicht. An einer Demonstration nehmen hier 35 000 Streikende teil, Aufgebrachte stürmen die SED-Kreisleitung, den Sitz der Staatssicherheit und das Rathaus. Außerdem verhilft man den politischen Gefangenen zur Flucht. Nur der Beistand der sowjetischen Besatzer rettet die DDR-Oberen vor dem Ende ihrer Herrschaft, die Anführer der Demonstranten werden zu mehrjährigen Haftstrafen verurteilt.

1954 Mit der DEFA-Produktion ›Der Ochse von Kulm‹ beginnt der Aufstieg von Görlitz zur beliebten authentischen Filmkulisse, die nach der Wende den Ruhm von ›Görliwood‹ begründet.

1957 Über das wieder aufgebaute Neißeviadukt rollen die ersten Züge zwischen der DDR und Polen.

1958 Die ehemalige Stadtbrücke wird nun als ›Brücke der Freundschaft‹ offizieller Grenzübergang.

1961 Zum Gedenken an die erste Weltumrundung im All wird ein Meridianstein, der die Erdkugel symbolisieren soll, unmittelbar an der Stadthalle aufgestellt. Die polnischen Behörden fassen den Entschluss, das zum größten Teil östlich der Neiße ausgelagerte Görlitzer Ratsarchiv an den Eigentümer zurückzugeben. Bis 1966 ist der Bestand wieder nahezu komplett am ursprünglichen Ort.

1970 Die BRD unter der Regierung von Bundeskanzler Willy Brandt und Außenminister Walter Scheel bestätigen im ›Warschauer Vertrag‹ mit Polen die Oder-Neiße-Grenze.

1971 Ab September visafreier Reiseverkehr zwischen Polen und der DDR.

1976 Baubeginn im Stadtteil Königshufen, heute das größte Viertel in Plattenbauweise.

1980 Der visafreie Grenzverkehr wird im Oktober wieder eingestellt, Reisende müssen fortan eine persönliche Einladung vorweisen; die SED-Regierung fürchtet die polnische Gewerkschaftsbewegung.

1983 Ende Oktober kann das große Görlitzer Lutherdenkmal zum zweiten Mal enthüllt werden. Das Original war im Zweiten Weltkrieg wie viele andere Denkmäler eingeschmolzen worden. Der Neuguss kann dank Spenden aus Westdeutschland und -berlin bezahlt werden.

1987 Im November zeigen zahlreiche Görlitzer ihren Unmut über die politischen Verhältnisse und fordern ihre Ausreiseerlaubnis in die BRD.

1989 Die SED-Oberen fälschen offensichtlich die Ergebnisse der Kommunalwahlen vom 7. Mai, in der Bevölkerung rumort es. Zu Friedensgebeten und Demonstrationen kommen oft mehrere tausend Görlitzer zusammen, im Spätsommer gründet sich hier ein Görlitzer Ableger des ›Neuen Forums‹. Am

Postalische Würdigung eines einzigartigen Stadtbilds aus dem Jahr 2003

3. November fordern Demonstranten den Rücktritt des Oberbürgermeisters, am 2. Dezember freie Wahlen in der DDR. Am 5. Dezember stürmen Bürger die Stasi-Dienststelle. Im Dezember schließen Görlitz und Wiesbaden einen Vertrag über eine deutsch-deutsche Städtepartnerschaft. Die neuen Partner aus dem Westen bringen als Soforthilfe 1,3 Millionen DM mit.

1990 Am 26. September hält Bundeskanzler Helmut Kohl eine Rede auf dem Obermarkt, es versammeln sich 25 000 Zuhörer.

Görlitz nach der deutschen Wiedervereinigung

1991 Im Juni wird der ›Vertrag zwischen der Bundesrepublik Deutschland und der Republik Polen über gute Nachbarschaft und freundschaftliche Zusammenarbeit‹ geschlossen.

Görlitz wird in die Arbeitsgemeinschaft historischer Städte aufgenommen und zu einer Modellstadt der Altbausanierung erklärt.

Mitte der 1990er Jahre blüht für eine kurze Zeit die Görlitzer Textilindustrie wieder auf. Zwei Amerikaner gründen eine große Textilfabrik auf der grünen Wiese. Diese ›Görlitz-Fleece GmbH‹ ist eine europäische Tochterfirma von Malden Mills Industries/Massachusetts. Etwa 300 Menschen finden hier Beschäftigung.

1992 Im Februar vereinigen sich die Ingenieurschule Görlitz und die Technische Hochschule Zittau zur neuen Fachhochschule Zittau/Görlitz.

1995 Die erste Altstadtmillion überrascht die Görlitzer: Ein unbekannter Spender zahlt seither einmal jährlich im Frühjahr eine Million DM, seit der Währungsumstellung 511500 Euro, auf das Konto der Altstadtstiftung. Seine Identität will der Gönner nach wie vor nicht preisgeben. Ein Kuratorium entscheidet über die Anträge der Besitzer/Bauherren, die bewilligten Zuwendungen sind zweckgebunden für die Denkmalpflege zu verwenden. Seit 2004 tragen alle mit Geldern aus der Schenkung bedachten Gebäude eine Plakette.

1998 Die Stadträte erklären Görlitz/Zgorzelec gemeinsam zur Europastadt.

1999 Seit Eröffnung des Autobahntunnels unter den Königshainer Bergen ist die Autobahn zwischen Dresden und Görlitz befahrbar; mittlerweile kann man bis nach Breslau (Wrocław) fahren.

2003 Die Europastadt Görlitz-Zgorzelec bewirbt sich als eine der zwei Europäischen Kulturhauptstädte für 2010, Essen im Ruhrgebiet geht schließlich als deutscher Sieger aus dem Bewerbungsverfahren hervor.

Hollywood kommt erstmals an die Neiße: Eine US-Produktionsfirma dreht in der Altstadt sowie auf dem Gelände der Landskronbrauerei den späteren Blockbuster ›In 80 Tagen um die Welt‹.

2004 Einweihung der neuerbauten Altstadtbrücke. Die ›Görlitz-Fleece GmbH‹ meldet Insolvenz an, ein Verkauf kommt nicht mehr zustande, ein Jahr später schließen sich die Werkstore.

Der beherzte Versuch, dem medialen Platzhirsch ›Sächsische Zeitung‹ mit deren Lokalausgabe Görlitz Marktanteile streitig zu machen, scheitert: Nur sechs Wochen erschienen die ›Görlitzer Nachrichten‹, dann wird das Blatt eingestellt. 150 Abos und 600 Zeitungen im freien Verkauf sind zu wenig.

2007 Ende Dezember wird Polen in den Schengenraum aufgenommen, damit entfallen die Grenzkontrollen.

2010 Im August steigt der Neißepegel durch den Bruch einer Talsperrenmauer in Polen auf den höchsten Stand seit Beginn der Messungen: 7,07 Meter.

2011 Am Berzdorfer See beginnt die erste offizielle Badesaison.

2013 Die Flutung des Berzdorfer Sees wird beendet.

2014 Görlitz wird mit der Auszeichnung ›Familiengerechte Kommune‹ geehrt.

2016 Im Senckenberg-Museum für Naturkunde eröffnet ein bundesweites Wolfberatungszentrum.

Im April überweist der unbekannte Spender nochmals 340 000 Euro aufs Stadtkonto – die Abschlusszahlung, wie bald darauf bekannt wird. In 22 Jahren kamen so über 10 Millionen Euro zusammen (→ S. 20, 39).

2020 Die Zukunft der beiden wichtigsten Görlitzer Wirtschaftsstandorte Bombardier/Alstom und Siemens steht jetzt auf festen Fundamenten.

Wirtschaft

Über die Jahrhunderte war die enorme Tuchproduktion die Quelle des großen Wohlstandes. Die Wolle bezog man aus Polen, Waid zum Färben kam aus Thüringen. Den Großteil der Produkte kauften Kunden in Ost- und Südosteuropa. Görlitzer Geschäftsleute und Handwerksgesellen studierten profitable Technologien im Ausland und wandten sie nach der Heimkehr an. So war man an der Neiße auch stets über die neueste Mode informiert.

Die Patrizier, in Görlitz wurden sie Geschlechter genannt, waren bestrebt, ihre Kinder nur innerhalb ihrer Kreise zu verheiraten: Dieses Vorgehen hielt das Geld in der Stadt und war auch vorteilhaft für die Handelskontakte. Erst im 16. Jahrhundert konnten diese Familienclans durch gebildete Bürger und Zugezoge-

Die berühmten ›Liebesperlen‹ der Firma Hoinkis

ne aufgebrochen werden. Handwerksgesellen, die sich in Görlitz aufhielten und nicht nach einem Jahr hier einheirateten, mussten die Stadt allerdings wieder verlassen!

Ein erstes Wanderfotoatelier ist in Görlitz für das Jahr 1842 dokumentiert, eine erste Kamerafabrik für das Jahr 1882. Um die Wende zum 20. Jahrhundert war Görlitz neben Berlin und Dresden der bedeutendste Standort der aufkommenden fotografischen Industrie in Deutschland. Erst mit dem Ende der DDR kam das endgültige Aus (→ S. 90, Museum der Fotografie).

Der ›Fliegende Hamburger‹

Seit dem Jahr 1849 ist der Schienenfahrzeugbau in Görlitz beheimatet, anfangs in der Brunnenstraße. Von Beginn an zählte das Werk zu den renommiertesten in Europa. 1889 bestellte der Regent von Bulgarien, Fürst Ferdinand I., in ›Christoph-Lüders-Eisenbahn-Wagen-Bauanstalt‹ einen luxuriösen Salonwagen. Ende 1932 wurde in der zur ›Waggon- und Maschinenbau AG Görlitz‹ (WUMAG) umbenannten Fabrik der erste Stromliniendieselzug der Deutschen Reichsbahn ausgeliefert. Er ging als legendärer ›Fliegender Hamburger‹ in die Eisenbahngeschichte ein und nahm 1933 den Betrieb auf der Strecke Berlin–Hamburg auf. In den zwei zusammengekuppelten Triebwagen fanden 98 Reisende Platz. Mit zwei 410-Maybach-Dieselmotoren ausgestattet, erreichte er eine Höchstgeschwindigkeit von 160 Stundenkilometern – Weltrekord! Für die 286 Kilometer lange Strecke vom Lehrter Bahnhof bis nach Hamburg benötigte das ›Wunder von Görlitz‹ nur 138 Minuten. Es war bis 1957 in Betrieb und legte insgesamt gut 1,55 Millionen Kilometer zurück. Die einstige Reisegeschwindigkeit auf der Strecke Berlin–Hamburg erreichte die Deutsche Bahn erst wieder im Jahr 1997 mit einem ICE. 1936 wurden in Görlitz die ersten deutschen Doppelstockwagen für die ›Lübeck-Büchener Eisenbahn‹ gebaut. Auch in der DDR war der ›VEB Waggonbau Görlitz‹ eine gefragte Firma, In den vergangenen Jahren war sie im Besitz des kanadischen Konzerns Bombardier, kürzlich wurde die Übernahme durch Alstom genehmigt. Von den knapp 6000 Fahrzeugen, die hier nach 1990 produziert wurden, waren etwa 3000 Doppelstockwagen. Außerdem werden Wagenkästen aus Stahl, Nirosta und Aluminium für Passagierzüge und U-Bahnen gebaut. Etwa 1500 Mitarbeiter sind am neuen Standort in der Christoph-Lüders-Straße beschäftigt.

Die zum Ende des 19. Jahrhunderts in Görlitz gegründete Firma Hoinkis wurde mit ihren speziellen ›Liebesperlen‹ (kleine gefärbte Zuckerdragées) weit über die Stadtgrenzen bekannt. Rudolf Hoinkis Erfindung erblickte am 3. April 1908 das Licht der Welt, aber er wusste nicht, wie er die süßen bunten Kügelchen vermarkten sollte. Er nahm sie mit zur Familie und rief: »Ich liebe euch wie diese Perlen, für die ich noch keinen Namen habe!« Tochter Emelie erwiderte: »Dann nenn sie doch Liebesperlen!« Und so blieb es bis heute. Das süße Naschwerk wird gegenwärtig in 22 Länder verkauft.

EXTRA

Rezepte

Görlitz als westlicher Teil des bei Deutschland verbliebenen Niederschlesiens bewahrt die überlieferten Rezepte der Vorfahren. Dabei handelt es sich um eine einfache und bodenständige Küche. Die drei wohl Speisen bekanntesten seien hier genannt. Guten Appetit!

Schlesische Sauerkrautsuppe

Zutaten: 300 g Sauerkraut, 200 g Schweinefleisch mit Knochen, 300 g Kartoffeln, 3 l Wasser, 1 Bund Suppengrün, 50 g Räucherspeck,1 Zwiebel, 10 g getrocknete Waldpilze, 1 Lorbeerblatt, 2 Pimentkörner, 2 Pfefferkörner, Salz.

Zubereitung: Die getrockneten Pilze in etwa 1/2 l Wasser einweichen. Das Fleisch in einen Topf zusammen mit dem Suppengrün, dem Lorbeerblatt, den Piment- und Pfefferkörnern und dem Salz geben. 2,5 l Wasser in den Topf geben und eine Stunde kochen, um eine kräftige Brühe zu bekommen. Danach die Brühe durch ein Sieb gießen, so dass wir eine klare Brühe bekommen. Das Fleisch und die Karotte vom Suppengrün aufheben. Mit der Hand den Saft aus dem Sauerkraut pressen, in den Topf mit der Brühe geben und eine Stunde kochen. Kartoffeln waschen und ungeschält kochen. Kartoffeln schälen und in Würfel schneiden. Das Fleisch in Würfel, die Pilze in Streifen und die geschälte Karotte in Scheiben schneiden. Die geschnittenen Zutaten dem gekochten Sauerkraut zufügen. Den Räucherspeck und die Zwiebel in Würfel schneiden. Die Speckwürfel in einer Pfanne erhitzen, so dass etwas Schmalz ausgelassen wird, dann die Zwiebelwürfel hinzugeben und alles goldgelb anbraten. Kurz vor dem Servieren die Zwiebel- und Speckwürfel in den Topf geben. Fertig.

Schlesischer Mohnstriezel

Schlesisches Himmelreich

Klassische Kombination: Schlesisches Himmelreich und Landskron-Pils

Zutaten für 4 Personen: 8 Klöße (Semmelknödel), 750 g Kasseler (Nackenstück ohne Knochen), eine Tüte Backpflaumen, eine Tüte gemischtes Dörrobst (Aprikosen, Birnen, Äpfel, Pflaumen), eine Stange Zimt, Salz und schwarzer Pfeffer gemahlen, Speisestärke oder Soßenbinder, etwas Zucker, Fett zum Anbraten.
Zubereitung: Dörrobst und Backpflaumen mit der Zimtstange in eine Schüssel geben, mit Wasser bedecken und eine Stunde einweichen. In der Zwischenzeit das Kasseler im Bräter rundherum anbraten, dann eine Stunde bei 200 Grad in den Backofen geben. Nun Obst samt Einweichwasser und Zimtstange zum Kasseler geben und noch 30 Minuten im Backofen weiter braten. Das Kasseler aus dem Bräter nehmen, etwas ruhen lassen. Die Soße mit Speisestärke oder Soßenbinder andicken und mit Salz, Pfeffer und einer Prise Zucker abschmecken, Zimtstange herausnehmen. Kasseler in Scheiben schneiden und mit Backobstsoße und Klößen servieren.

Schlesischer Mohnstriezel

Zutaten für den Teig: 30–40 g Hefe, 3 EL lauwarme Milch, 500 g Mehl, 60 g Zucker, 60 g zerlassene Butter, abgeriebene Schale einer Zitrone, 1 Ei, 1 Prise Salz, 1/8 L lauwarme Milch.
Zutaten für die Füllung: 250 g fein gemahlener Mohn, 1/4 l kochend heiße Milch, 40 g zerlassene Butter, 25 g abgezogene gehackte Mandeln, 200 g Zucker, 1 Ei, 60 g Rosinen, 1 Messerspitze Zimt, Butter zum Bestreichen, Puderzucker zum Bestäuben.
Zubereitung: Für den Teig Hefe mit 3 EL lauwarmer Milch auflösen. Dann aus Mehl, Zucker, zerlassener Butter, Zitronenschale, Ei, einer Prise Salz, der Milch und der aufgelösten Hefe einen glatten Teig kneten. Diesen dann mit einem Tuch zudecken und an einem warmen Ort gehen lassen, bis er sich etwa verdoppelt hat.

Inzwischen die Mohnfüllung zubereiten. Dazu den fein gemahlenen Mohn mit der kochend heißen Milch übergießen und dann die zerlassene Butter, die Mandeln, Zucker, Ei, Rosinen und Zimt zugeben. Sollte die Masse zu weich sein, etwas Semmelbrösel zumischen.

Nun den Hefeteig zu einem ca. 1 cm dicken Rechteck ausrollen. Anschließend die erkaltete Mohnmasse nicht ganz bis zum Rand darauf streichen und den Teig vorsichtig aufrollen. Den Striezel mit der Naht nach unten auf ein gefettetes Backblech legen und nochmals zugedeckt gehen lassen. Danach mit flüssiger Butter bestreichen und bei Mittelhitze ca. eine Stunde backen. Den fertigen Striezel nochmals mit zerlassener Butter bestreichen und mit Puderzucker bestäuben.

Die historische Altstadt um Ober- und Untermarkt wird von den meisten Besuchern zuerst angesteuert. Doch auch die benachbarte Görlitzer Keimzelle, die Nikolaivorstadt mit lauschigen Gassen und romantischen Friedhöfen, sollte man nicht versäumen. Ebenso sehenswert sind die nördliche Innenstadt zwischen Marienplatz und Bahnhof sowie die Südstadt mit ihren prächtigen Gründerzeitvierteln. Einen weiteren Akzent setzt der Besuch über die Neiße zum östlichen Nachbarn Zgorzelec.

STADTSPAZIERGÄNGE

Der Postplatz mit der ›Muschelminna‹

Altstadt

Besonders in der Altstadt offenbart sich die architektonische Vielfalt von Gotik, Barock und Renaissance. Auf Ober- und Untermarkt und in der näheren Umgebung reiht sich ein schönes Gebäude an das andere. Organisierte Altstadtführungen starten am Georgsbrunnen ganz in der Nähe der beiden Touristinformationen.

Am Westrand der Altstadt

■ Reichenbacher Turm

Der Reichenbacher Turm am Westrand der Altstadt ist mit 51 Metern der höchste der drei noch vorhandenen Görlitzer Wehrtürme. Der Unterbau stammt aus dem 14. Jahrhundert und ist mit farbigen Wappen des Oberlausitzer Sechsstädtebundes und der Landesherrschaften verziert, zu denen Görlitz gehörte. Zusammen mit dem Kaisertrutz sicherte der Turm den Zugang zur Handelsstraße via regia. Auf seiner Westseite ist der Anschluss mit ehemals zwei Schildmauern zum Rondell bis heute noch zu erkennen. Der Turm besitzt sieben Geschosse, die **Haube** samt Laterne im Barockstil wurde ihm 1782 aufgesetzt.

Der Reichenbacher Turm

▲ Karte S. 47

Schon seit Anbeginn sicherten die Bewohner ihre Stadt mit Mauern, Türmen und Toren. Görlitz besaß zu mittelalterlichen Blütezeiten sogar einen doppelten Schutzwall sowie mehrere Bastionen. Mit dieser Verteidigungsfähigkeit repräsentierten die Görlitzer auch Macht und Reichtum, denn es war sehr kostspielig, alles zu unterhalten. Jeder männliche Bürger war Mitglied der Verteidigungsmannschaft. Er hatte Armbrust oder Büchse und Harnisch stets einsatzbereit zu halten. Die Oberaufsicht hatte ein Schützenmeister inne, der auch die Waffenkammer beaufsichtigte, Armbrüste reparierte und militärische Übungen leitete. Mit Aufkommen der Feuerwaffen leistete sich die Stadt noch einen Büchsenmeister, der die Geschütze einsatzfähig hielt und Kanoniere ausbildete. Eine Landwehr sicherte das dörfliche Umfeld. Zum Ende des 15. Jahrhunderts waren auch die Vorstädte mit Mauern und Stadttoren vor Überraschungsangriffen gewappnet. Eine kleine **Ausstellung** im Turm informiert über die mittelalterliche Stadtbefestigung, die Stadtverteidigung und das Türmerwesen.

165 Stufen führen nach oben, und von hier hat man einen herrlichen Rundblick auf die Stadt und ihre Umgebung. Bis 1904 wohnte in der oberen Etage eine Türmerfamilie. Je zwei Familien teilten sich den Dienst, in Kriegszeiten hielten sie nach Angreifern Ausschau. Bei Tage signalisierte der Türmer Gefahren mit einer Fahne, in der Dunkelheit mittels Laterne. Ansonsten waren sie für die Feuerwache zuständig. Aufsteigenden Rauch hatte

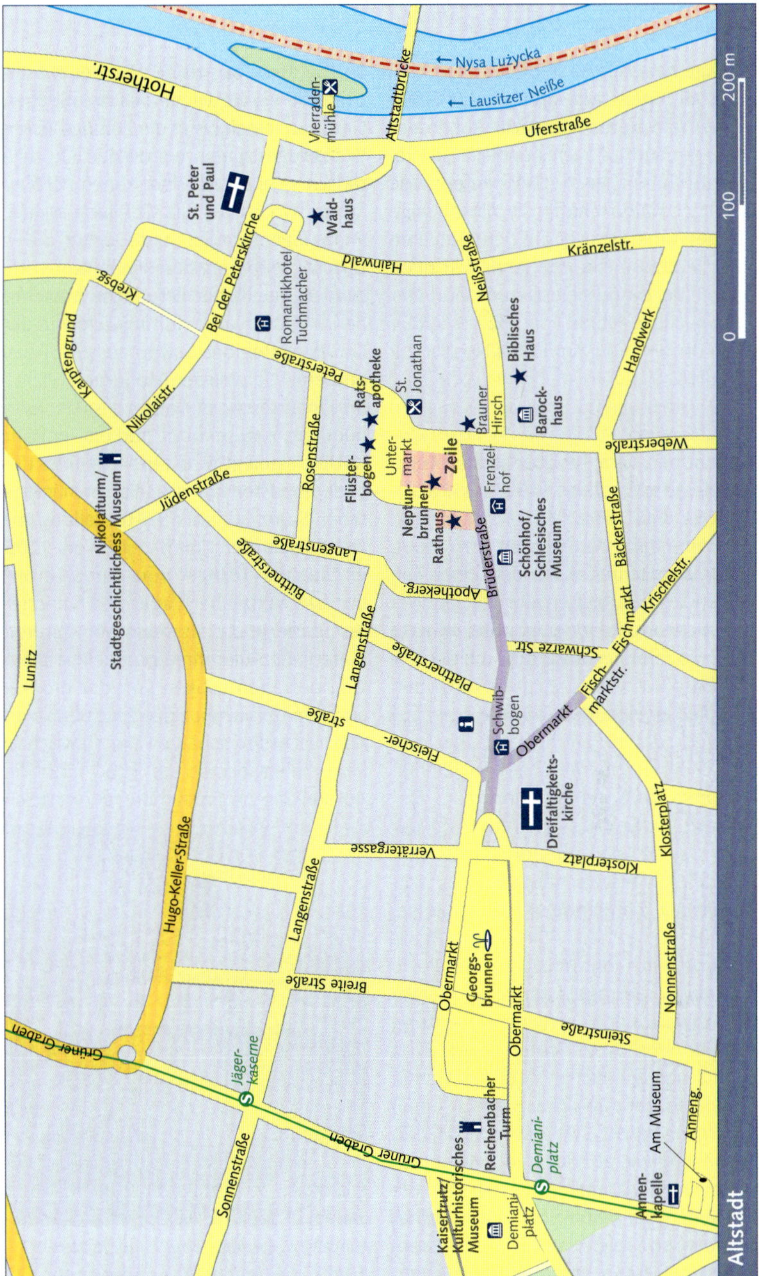
Altstadt
0
100
200 m
Nysa Łużycka
Lausitzer Neiße
Hotherstr.
Uferstraße
Altstadtbrücke
Vierraden-mühle
St. Peter und Paul
Waid-haus
Bei der Peterskirche
Krebsg.
Hainwald
Kränzelstr.
Neißstraße
Romantikhotel Tuchmacher
Karpfengrund
Nikolaistr.
Peterstraße
Rats-apotheke
St. Jonathan
Biblisches Haus
Handwerk
Barock-haus
Brauner Hirsch
Weberstraße
Nikolaiturm/ Stadtgeschichtliches Museum
Jüdenstraße
Rosenstraße
Flüster-bogen
Unter-markt
Zeile
Neptun-brunnen
Rathaus
Frenzel-hof
Schönhof/ Schlesisches Museum
Bäckerstraße
Langenstraße
Büttnerstraße
Apothekerg.
Brüderstraße
Lunitz
Langenstraße
Plattnerstraße
Schwarze Str.
Fischmarkt
Krischelstr.
Fisch-marktstr.
Fleischer-straße
Schwib-bogen
Obermarkt
Dreifaltigkeits-kirche
Hugo-Keller-Straße
Verrätergasse
Klosterplatz
Klosterplatz
Langenstraße
Georgs-brunnen
Breite Straße
Obermarkt
Obermarkt
Nonnenstraße
Steinstraße
Grüner Graben
Jäger-kaserne
Reichenbacher Turm
Kaisertrutz/ Kulturhistorisches Museum
Sonnenstraße
Grüner Graben
Demiani-platz
Demiani-platz
Annen-kapelle
Am Museum
Anneng.

man der Wache zu melden, Flammen waren durch Glocke zu signalisieren. Vier Schläge beispielsweise bedeuteten Feuer in der Innenstadt, drei Schläge Feuer in der befestigten Vorstadt. Außerdem hatte der Türmer auch stündlich die Glocke zu läuten. Nach 1945 entdeckten Görlitzer Kulturschaffende die einstige Türmerstube für sich und richteten eine Künstlerklause ein. Aus jener Zeit blieb noch eine Wandmalerei zum Görlitzer Tuchmacheraufstand von 1527 erhalten. Der Turm ist von April bis Oktober zugänglich.

Kaisertrutz

Gegenüber dem Reichenbacher Turm wurde ab dem Jahr 1490 der Kaisertrutz errichtet. Jeder Bürger, Bauer und Gärtner - auch der näheren Umgebung - war verpflichtet, zumindest einen Tag an den Schanzarbeiten mitzuwirken. Wer das nicht wollte oder konnte, musste einen Tagelöhner als Ersatz schicken.

Der Portikus mit seinen zwei Türmchen und die Flügelbauten sind eine Zutat aus der Mitte des 19. Jahrhunderts, das neugotische Turmobergeschoss mit Zinnen kam erst im 20. Jahrhundert dazu. Der Kaisertrutz war die bedeutendste der einst 32 Basteien im Görlitzer Befestigungsring. Dessen Hauptaufgabe war der Schutz der Handelsstraße via regia, die hier in die Stadt führte. Vom Beobachtungsturm, der mittig aus der Fortifikation herausragt, kamen bei Gefahr die Anweisungen, in welche Richtung die Kanonen auszurichten seien. Zum Schutz vor feindlichen Attacken ist die äußere **Ringmauer**, die zugleich einen Wehrgang besitzt, stadtauswärts doppelt so mächtig wie auf der stadtinneren Seite. Im Dreißigjährigen Krieg trotzten die Schweden hier dem Ansturm kaiserlicher Truppen, so erhielt das Befestigungsrondell seinen noch heute gebräuchlichen Namen. Im Jahr 1815 kam Görlitz zusammen mit der östlichen Oberlausitz zu Preußen, ab 1848 war der Kaisertrutz die Hauptwache der preußischen Garnison. Noch bis in die Zeit des Ersten Weltkrieges hinein wurde der Bau militärisch genutzt. In den frühen 1920er Jahren wechselte das Gebäude wieder in das Eigentum der Stadt Görlitz, die es zum Museum umbauen ließ. Heute präsentiert das **Kulturhistorische Museum** darin 14 000 Jahre Kulturgeschichte der Görlitzer Region, Sonderausstellungen und eine Galerie der Moderne.

Im Untergeschoss, Mitte des 19. Jahrhunderts zugeschüttet und erst im Jahr 1999 freigelegt, entstand aus einer der bedeutendsten kommunalen archäologischen Sammlungen die **Ausstellung zur Geschichte der Oberlausitz von 1200 v. Chr. bis 1300** – von der Steinzeit bis zum Mittelalter. Jäger und Sammler der Eiszeit und erste sesshafte Kulturen hinterließen hier ihre Spuren. Vor allem Grabbeigaben zeugen von der bronze- und eisenzeitlichen Lausitzer Kultur. Von den Hacksilberschätzen der slawischen Besiedlungsperiode um 1000 führt die Ausstellung zur Entstehung der mittelal-

Einst Verteidigungsbau, heute Kulturhistorisches Museum: der Kaisertrutz

▲ Karte S. 47

terlichen Stadt Görlitz. Die **Dauerausstellung** im Erdgeschoss – sie thematisiert die Zeit vom 13. Jahrhundert bis 1815 – verdeutlicht den Aufstieg von Görlitz zu einer blühenden Handels- und Gewerbemetropole. Ein Stadtmodell, gefertigt 1923, zeigt ein idealisiertes Abbild der Stadt aus der Zeit um 1715. Bemerkenswert sind die doppelten Stadtmauern, ein Stein gewordenes Zeugnis für die damalige finanzielle Kraft der Stadt Görlitz. In den Vorstädten lebten vor allem Handwerker und Lohnarbeiter. Interessant ist die Vitrine zur Görlitzer Heide: Ab dem 14. Jahrhundert investierte man in den Kauf von Ländereien und Dörfern, der größte Coup aber war der Erwerb der östlich der Neiße gelegenen Penziger Heide, fortan Görlitzer Heide genannt. Die etwa 30 000 Hektar große Waldfläche stellte sich als Görlitzer Schatztruhe heraus, denn neben Rohstoffen wie Holz, Raseneisenerz, Lehm, Ton und Glassand brachten auch Imkerei und Fischzucht Gewinne. Nachdem Braunkohle entdeckt worden war, betrieb die Stadt hier ein eigenes Kraftwerk, das bis 1945 zuverlässig Strom lieferte. Weiterhin gehörte der Stadt Görlitz auch noch der Hospitalforst Rietschen mit über 3600 Hektar. Eine Ansicht der Stadt von 1565 vermittelt, wie Görlitz in seiner Blütezeit aussah. An einer Medienstation erfährt man in Kurzform die Geschichte der Görlitzer Tuchproduktion, ein komplexer und komplizierter Vorgang. Kurios ist die Kasse für den Bierobolus. Derartige Kassen waren einst in den brauberechtigten Bürgerhäusern eingemauert. Man sieht auch zahlreiche sakrale Kunstschätze wie einen mittelalterlichen Altar aus der Frauenkirche sowie die wundervolle **Plastik Maria in der Hoffnung**. Sie gehört zu den wertvollsten spätmittelalterlichen Kunstwerken in der Oberlausitz, ein bedeutendes Zeugnis des sogenannten Schönen Stils. Ihre Herkunft ist nicht dokumentiert, man vermutet aber Prag. In der Reformationsbewegung hatte sie wohl verschiedene Görlitzer Standorte, wahrscheinlich auch die Frauenkirche oder St. Peter und Paul; genau weiß das heute niemand mehr. Ihr vorgewölbter gesegneter Leib trägt das Christuskind in sich. Das ovale Fensterchen bleibt für den Betrachter allerdings geschlossen. Das bodenlange Kleid fällt in beeindruckend realistischen Falten.

Die ›Ansicht der Stadt Görlitz von Nordwest‹ schuf der Dresdener Hofmaler Johann Alexander Thiele im Auftrag des Kurfürsten Friedrich August II. Dieses Leinwandbild ist Teil eines Zyklus Oberlausitzer Städte, die das Dresdner Residenzschloss zierten, und lässt den Görlitzer Hausberg Landeskrone wie den Vesuv erscheinen.

Im Erdgeschoss erinnert man auch an das Wirken bedeutender Görlitzer Humanisten wie Bartholomäus Scultetus (1540–1614) oder Petrus Vincentius (1519–1581) sowie an den Schuhmacher und Philosophen Jacob Böhme (1575–1624), dem aus heutiger Sicht bedeutendsten Görlitzer Bürger (→ Extra S. 116). Die ausgestellte Kanone – eine Dauerleihgabe des Dresdner Militärhistorischen Museums – verdeutlicht den früheren Zweck des Kaisertrutzes. Geradezu furchteinflößend wirkt das Gemälde vom letzten großen Görlitzer Stadtbrand im Jahr 1806.

Im ersten Obergeschoss wird die Geschichte der Stadt von 1815 bis zur deutschen Einheit beleuchtet. Zu den herausragenden Exponaten zählt der Koffer des jüdischen Arztes Dr. Albert Blau, dem in der NS-Zeit die Emigration aus Deutschland gelang. Aufgefunden wurde der Koffer vor kurzem auf einem Dachboden im Dorf Jauernick. Man findet hier Informationen zum Kriegsgefangenenlager Stalag VIIIa im früheren Görlitz-Moys, heute am Rande der Nachbarstadt Zgorzelec im Stadtteil Ujazd gelegen (an der Straße Richtung Zawidów). Prominentester Gefangener war der französische Komponist Olivier Messiaen, der hier ein bedeutendes Musikstück der Moderne schuf, das ›Quartett für das Ende der Zeit‹ (→ Zgorzelec, S. 115).

Ein Film informiert über die Geschichte des Aufstandes am 17. Juni 1953 in Görlitz. In der Stadt brodelte es wie kaum anderswo in der Provinz. Das Motto der Streikenden: Wir erklären unsere Solidarität mit den Arbeitern in Berlin! Gegen Mittag sangen 20 000 Arbeiter aus Görlitzer Großbetrieben das Deutschlandlied auf dem Leninplatz (heute Obermarkt), am Nachmittag forderten 50 000 Demonstranten freie Wahlen, Demokratie und Freiheit sowie Normsenkungen. Zu DDR-Zeiten befand sich in vielen Wohnzimmern das in einem Görlitzer Betrieb produzierte Schrankwand-Modell ›Landeskrone‹. Das im Museum ausgestellte Exemplar wurde mit den damals typischen Accessoires wie dem Leipziger Messemännchen dekoriert.

In der **Galerie der Moderne** in der dritten Etage sind Gemälde, Grafiken und Plastiken des 20. und 21. Jahrhunderts ausgestellt. Das Hauptthema stellt Görlitz in den 1920er Jahren als einen vibrierenden Ort der Künste zwischen den Zentren Breslau und Dresden dar, als beispielsweise Johannes Wüsten hier wirkte und sich Ruhm mit der Renaissance des Kupferstichs erwarb. Kurt Tucholsky schrieb 1932 über ihn: »Der Mann verdiente bekannter zu sein, als er ist – in dem steckt was«. In der DDR avancierte Wüsten wegen seiner KPD-Vergangenheit zu einem Vorzeigekünstler, seine Werke waren im Kaisertrutz ständig präsent. In Görlitz wird der Großteil seines Nachlasses aufbewahrt. Die einprägsame Bildsprache von Johannes Wüsten inspiriert bis heute. DDR-Kunst aus dem ostsächsischen Raum wird unter anderem mit den filigranen Bronzefiguren von Siegfried Schreiber gezeigt. An einer Wand präsentiert der Kunstfonds der Staatlichen Kunstsammlungen Dresden zeitgenössische Kunstwerke als Leihgaben.

Dicker Turm

Gegenüber dem Naturkundemuseum am Marienplatz wacht seit Mitte des 13. Jahrhunderts der Dicke Turm, ursprünglich Frauenturm genannt. Die unteren Mauern des ›Dicken‹ sind 5,34 Meter stark – daher setzte sich dieser Name im Volksmund durch. Der ebenerdige Raum, früher ohne Eingang, war ein berüchtigter Kerker: Die Gefangenen wurden von oben mit einem Seil hinabgelassen. Von der einstigen Öffnung kündet noch ein zugemauerter viereckiger Rahmen. 138 Stufen führen in die oberste der zwei Etagen mit Türmerstube und winziger Küche. Seit Mitte der 1970er Jahre war hier ein FDJ-Studentenklub beheimatet, die Jugendlichen hatten den Raum dafür in Eigeninitiative hergerichtet.

Ein kunstvolles **Monumentalrelief** schmückt die westliche Außenfassade des Dicken Turms seit 1852. Es wurde bereits im Jahr 1477 gefertigt. Es zeigt links Maria mit dem Kind, rechts die heilige Barbara mit einem Turm als Märtyrersymbol in den Händen – sie ist die Görlitzer Schutzgöttin – und in der Mitte das Stadtwappen. Das Relief befand sich ursprünglich über der stadtauswärtigen Einfahrt des benachbarten Frauentors, das aber abgetragen wurde. Es ist ein Geschenk von Kaiser Sigismund für die erwiesene Treue der Stadt Görlitz während der Hussitenkriege. Davon kündet bis in die Gegenwart die Wappeninschrift ›Invia virtuti nulla est via‹ (Der Tapferkeit ist kein Weg unmöglich).

▲ Karte S. 47

Der Dicke Turm

Im Jahr 2009 wählten die Fernsehzuschauer des MDR den ›Dicken‹ zum schönsten Turm Mitteldeutschlands.

Annenkapelle

Gegenüber dem ›Dicken‹ steht die Annenkapelle. Sie wurde als Privatkirche des Görlitzer Bürgers und Kaufmanns Hans Frenzel erbaut. Das Ehepaar Frenzel wünschte sich jahrelang vergeblich ein Kind, betete zur heiligen Anna und versprach den Bau einer Kapelle. Die Fürbitte wurde erhört, die Frau gebar einen Sohn. So wollte Frenzel 1505 sein Gelübde erfüllen, doch der Rat stellte sich quer, denn nur Regenten oder der Stadtrat im Einvernehmen mit dem Bischof durften Kapellen oder Kirchen errichten lassen. Es hatte bis dahin in Deutschland nur eine einzige Ausnahme gegeben: den mächtigen Fuggern hatte man erlaubt, einen Kapellenanbau bei St. Anna in Augsburg errichten zu lassen. Nach einigem Hin und Her – Frenzel soll sogar beim Papst gewesen sein und viel Geld auf den Tisch gelegt haben – erhielt der aufmüpfige Bürger die Erlaubnis. 1508 begannen die Arbeiten, 1512 wurde die Annakapelle geweiht. Die Bezeichnung Kapelle ist durchaus verniedlichend und wohl als eine Finte des Bauherren zu betrachten, denn hier steht, den Ausmaßen nach zu urteilen, eine vollwertige Kirche. Mit seiner Annenkapelle hat Frenzel die Augsburger Fugger augenscheinlich übertrumpft.

Zur künstlerischen Zierde zählt der spätgotische **Figurenzyklus** an der Außenfassade. Die **Statuen** fertigten verschiedene Meister, die zwei wertvollsten sind Anna Selbdritt und Maria mit dem Kinde. Bei Anna Selbdritt hält ein Engelchen das Frenzelsche Wappenschild mit dem Monogramm H. F.

1641, während der schwedischen Besatzung, wurde die Annenkapelle beschädigt, aber auf Stadtkosten wieder instandgesetzt. Ab 1692 war hier für vier Jahrzehnte ein Priesterkollegium beheimatet, anschließend diente die Kapelle als Waisen- und danach als Zuchthauskirche für benachbarte Anstalten. Ab 1845 feierte hier auch die kleine katholische Gemeinde ihre Gottesdienste, da sich ihre eigentliche Kirche weit außerhalb befand. 1865 gelangte die Annenkapelle in städtischen Besitz und wurde umgebaut, so erhielt sie eine Zwischendecke. 1902 wuchs das prächtige Schulgebäude nebenan. Heute ist die Annenkapelle Turnhalle, das Obergeschoss Aula und Ausstellungsraum des Gymnasiums Anne-Augustum.

Vor dem Eingang im ersten Stock erblickt man ein großes Wandbild. Es wurde zu DDR-Zeiten und stellt den Handwerkeraufstand von 1527 dar. Der untere Teil der Annenkapelle wird als Turnhalle genutzt. Der Umbau ist perfekt gelungen, denn als Außenstehender blickt man nach wie vor auf schöne schlanke Maßwerkfenster.

Obermarkt

Der Obermarkt, ein langgestreckter Platz, wuchs im Zuge der Stadterweiterung Mitte des 13. Jahrhunderts. Die historischen Maße aus jener Zeit haben sich erhalten, allerdings war die Mitte des Platzes über vier Jahrhunderte bebaut, hier standen bis 1852 die Alte Wache und das Salzhaus.

Bürgerhäuser im Stil des Hochbarock säumen die Nordseite des Obermarkts. In der einmündenden **Verrätergasse** (Nr. 25 mit Tor) lebte der Rädelsführer Peter Liebig. ›D V R T 1527‹ steht hier in die Mauer gemeißelt. Das warnende Kürzel steht für ›Der verräterischen Rotte Tür‹. Unzufriedene Handwerker planten im Jahr 1527 einen Aufstand, der Obrigkeit sollte es an den Kragen gehen. Aus

▲ Karte S. 47

Reizvolle Fassaden am Obermarkt

ungeklärten Gründen, doch zum Glück für die Stadtherren, schlug die Turmuhr an jenem Tag um Mitternacht sieben Minuten zu früh an. Die Umstürzler wähnten sich in Sicherheit, aber noch war der Nachtwächter im Dienst. Während seines Rundgangs entdeckte er die Umstürzler und meldete argwöhnisch den Vorfall. Die Absichten der Verdächtigen kamen ans Tageslicht. Für die Sünder hieß es ›Kopf ab‹ oder ›Vierteilen‹. Um Nachahmer abzuschrecken, nannte man die Seitengasse am Obermarkt fortan Verrätergasse. Böse Zungen behaupten, der Stadtschreiber habe veranlasst, dass es von nun an als Warnung für Andersdenkende immer vorzeitig zur vollen Stunde läuten solle - bis heute (!). Doch die Bürger blieben aufsässig, wenn es um die Machtfrage ging. So wählten sie 1998 in einem Volksentscheid ihren ungeliebten Oberbürgermeister vorzeitig ab.

Am Eckhaus Obermarkt/Fleischerstraße (Nr. 2) erblickt man an der Fassade zur Fleischerstraße eine **Mädchenbüste**. Sie erinnert an einen grauslichen Mordfall, worauf sich die Sage vom Klötzelmönch bezieht. Ein lüsterner Klosterbruder hatte das schöne Mädchen nach dem Gottesdienst in seine Zelle gelockt, sich an ihr vergangen und umgebracht. Anschließend verbarg er ihren Leichnam unter einer Bodenplatte im Altarraum. Er wurde dabei jedoch beobachtet und die Tat gesühnt, indem der Mönch lebendig eingemauert wurde. Die Legende weiß zu erzählen, dass seine Seele keine Ruhe mehr fand; im Kloster vernahm man noch viele Jahre später das laute Klappern seiner Klötzelpantoffeln auf dem Steinfussboden.

Eine prächtige Fassade schmückt das **Barockhaus Nr. 29** aus dem Jahr 1719, das für den Berliner Leinengroßhändler Johann Wilhelm Schaumburg erbaut wurde. Es ähnelt dem berühmten Taschenbergpalais in Dresden - tatsächlich hielt sich dessen Architekt Daniel Pöppelmann im Herbst 1717 auch in Görlitz auf. Gäste des Hauses waren König August der Starke, Zar Alexander I., mehrmals Kaiser Napoleon sowie König Friedrich Wilhelm III. Der Franzosenkaiser hielt vom Balkon auch eine Truppenparade mit 50 000 Soldaten und Offizieren ab. Ungewiss bleibt bis heute, ob Napoleon dabei auf einem Höckerchen stand, denn ansonsten wäre vom kleinwüchsigen Regenten hinter der Brüstung nicht viel zu sehen gewesen.

■ Dreifaltigkeitskirche

Die Dreifaltigkeitskirche aus dem 14. Jahrhundert beherrscht die Ostseite des Obermarkts. Anfangs war sie die Klosterkirche des Franziskanerordens. Die Reformation leitete dann den Niedergang des Franziskanerordens ein. Die Mönche verließen nach und nach das Görlitzer Kloster. 1555 schenkte der letzte verbliebene Mönch das gesamte Anwesen der Stadt, aber unter einer Bedingung: Der Rat musste versprechen, im klösterlichen Anwesen eine Schule zu eröffnen. Zehn Jahre vergingen, bis das neue Gymnasium ›Augustum‹ seine Pforten öffnete. Dann aber sorgte die Bildungsstätte für Furore, sie entwickelte

sich neben Zwickau zur angesehensten in Mitteldeutschland.
Zur Mitte der 19. Jahrhunderts war das Gemäuer altersschwach. 1844 besichtigte König Friedrich Wilhelm IV. – auch als der ›Romantiker auf dem Thron bekannt‹ – das Areal und regte einen Schulneubau im prächtigen neugotischen Gewand an, der dann auch verwirklicht wurde.
Der schlanke **Turm** der Dreifaltigkeitskirche wirkt wie ein Minarett und ist eine spätere Zutat, denn der Orden baute keine Kirchtürme. Im Volksmund heißt dieser Turm bis heute ›Mönch‹.
Nur in dieser Görlitzer Kirche blieb ein stattliches spätgotisches Inventar erhalten. Den barocken **Hauptaltar** im Chorraum schnitzte Caspar Gottlob von Rodewitz mit dem Thema der Heiligen Dreifaltigkeit. Unter diesen Namen wurde das nun protestantische Gotteshaus im Jahr 1715 neu geweiht. Der Künstler war ein Schüler von Balthasar Permoser, dem geistigen Vater des weltberühmten Dresdner Zwingers. Gestalterisch interessant ist die offene Altarrückwand, durch die das Licht des Chorfensters effektvoll

Die Goldene Maria in der Dreifaltigkeitskirche

hindurchscheint. Erhalten blieb das alte **Chorgestühl** der Franziskaner aus dem 15. Jahrhundert. Es ist mit mystischen Schnitzereien von Fabelwesen verziert und darüber mit Ausschnitten der Niederschrift der Franziskanerchronik. Der langgezogene **Mönchschor** aus dem 14. Jahrhundert ist mit farbigen Malereien geschmückt, darunter dem wundervollen ›Engelskonzert‹ mit einer Vielzahl spätmittelalterlicher Instrumente. Wie eine Gewölbeinschrift verrät, ließ sie Pastor Kirchhofer 1919 nach den alten Resten wieder auffrischen. Im östlichen Teil des Mönchschors, abgegrenzt durch eine Zwischenmauer, versteckt sich das heutige ›Café in der Kirche‹.
Herausragende Kunstwerke sind in der **Barbarakapelle** zu sehen, so der mittelalterliche Flügelaltar, den der später hinzugekommene Barockaltar in eine Ecke verdrängte. Darauf glänzt die ›Goldene Maria‹, die wohl schon die Franziskanermönche beeindruckte. Eine Holzplastik zeigt ›Christus in der Rast‹ in Gedanken versunken, auf einem Stein hockend. Die großartige steinerne Beweinungsgruppe stiftete der berühmte Görlitzer Ratsherr Georg Emmerich, der auch das Heilige Grab initiierte. Geschaffen hat sie wahrscheinlich der Bildhauer Hans von Olmütz, worauf die Kürzel am Sockel ›HvO‹ hindeuten.
Die Dreifaltigkeitskirche war einst eine gefragte letzte Ruhestätte, was viele Epitaphe und Grabplatten reicher Görlitzer bezeugen.

Hotel Schwibbogen

Ab 1533 wuchs am heutigen Obermarkt 34 das heutige Hotel Schwibbogen als Renaissance-Erweiterungsbau des Haupthauses Brüderstraße 18. Dabei entstand der breite Erdgeschossgang, der dem Haus den Namen Schwibbogen gab. Insgesamt waren später fünf

▲ Karte S. 47

Diese Wandmalerei im Hotel Schwibbogen stammt aus dem 16. Jahrhundert

Gebäude miteinander verbunden. Der Bauherr Hieronymus Schnitter zählte zum erlauchten Kreis des Görlitzer Stadt- und Ratsgeschlechts. Es ist überliefert, dass er zusammen mit König Ferdinand I. im Jahr 1529 gegen die Türken vor Wien kämpfte. Kaiser Karl V. adelte 1536 die Familie. Der Bruder Hieronymus Schnitters, Franz Schnitter, empfing als damaliger Bürgermeister König Ferdinand I. im Jahr 1538 in der Stadt. Sehr wahrscheinlich zeigte man dem Regenten, der von der Görlitzer Architektur schwärmte, auch die soeben fertiggestellten **Wandbilder** im **Prunksaal** des Schnitterschen Anwesens. Denkmalschützer fanden diese erst im Jahr 2010 wieder. Die Szene ›Gesetz und Gnade‹ in der rechten Wandnische geht auf Vorbilder von Lucas Cranach d. Ä. zurück, der das Thema ab 1529 auf Grafiken, Zeichnungen und Votivtafeln künstlerisch umsetzte. Es wurde während der Reformation vielfach kopiert und fand in Deutschland weite Verbreitung. Unter dem Bildnis ›Gesetz und Gnade‹ ist die ›Galerie heidnischer treuer Frauen‹ zu sehen. Hier griff der Maler auf einen Holzschnitt von Erhard Schoen aus dem Jahr 1531 zurück. Allerdings fehlen im Unterschied zum Original vier Damen, offensichtlich aus Platzgründen. An der Wand gegenüber ist die Abrahamgeschichte versinnbildlicht, zu sehen sind Abraham, Isaak, Hagar und Ismael. Darunter treten vier Regenten, zwei mit ihren Ehefrauen, in Erscheinung: der sächsische Kurfürst Friedrich der Weise, Kaiser Karl V., seine ›bessere Hälfte‹ Isabella von Portugal, König Ferdinand I. von Böhmen und Ungarn nebst Gattin Anna. Nichts für schwache Gemüter ist die Darstellung einer Fegefeuerszene: Ein teuflisches Skelett zerrt gemeinsam mit einem krallenbewehrten Scheusal einen von einem Spieß durchbohrten Sünder ins Fegefeuer, in dem schon andere Frevler brennen. Gerahmt wird der Prunksaal von farbenfreudiger Dekorationsmalerei an Tür- und Wandpfeilern.

Man vermutet, dass dieser Raum mit seiner prächtigen ›Renaissancetapete‹ vor allem für festliche Ereignisse aufgesucht wurde. Heute können Hausgäste hier, in der konservierten Zeit der Renaissance, ihr Frühstücksei köpfen.

Georgsbrunnen

Zumeist ist der markante Georgsbrunnen Treffpunkt der Stadtführungen. Seit über einem Jahrzehnt steht er wieder hier am Übergang vom Obermarkt zur Brüderstraße, dort wo sich auch ein mittelalterlicher Röhrkasten befand. Röhrkasten dienten einst der Wasserversorgung. Dabei handelt es sich um steinerne Becken mit Schraubenhähnen, die eine Wasserentnahme ermöglichten. Dieser wurde zum Ende des 16. Jahrhunderts als öffentlicher Schöpf- und Zierbrunnen gestaltet. Hier lassen sich die für die Bürger verworrenen Umstände beim Wechsel der Oberlausitz von der böhmischen Krone in sächsische Hände erahnen, die Künstler haben dies mit ironischen Seitenhieben festgehalten: Der Görlitzer Stadtknecht Georg unterscheidet sich von seinem berühmteren Namensgeber, dem heiligen Georg. Er trägt zwar auch eine Lanze, aber mit einem Wimpel, auf dem das Görlitzer Stadtwappen abgebildet ist. Ihm zur Linken steht das Schild

Malerisch: die Apothekergasse an der Brüderstraße

Karte S. 47

mit kursächsischem Wappen, und statt eines feuerspuckenden Drachen sitzt hinter ihm der böhmische Löwe, der in die entgegengesetzte Richtung blickt und dabei seine Zunge weit herausstreckt.

Brüderstraße

Die Brüderstraße verbindet Obermarkt und Untermarkt. Im Haus **Brüderstraße Nr. 3** wurde am 23. Mai 1813 Napoleons Großmarschall Géraud Christophe Michel Duroc für die Überführung nach Paris ›konserviert‹. Duroc war durch den Querschläger einer Kanonenkugel bei Markersdorf, einem Dorf westlich von Görlitz, schwer verletzt worden und verstarb nach vierzehnstündigen Todeskampf. Kaiser Napoleon war erschüttert und befahl die Einbalsamierung Durocs, die dann hier stattfand. Andere Quellen behaupten, man habe den Leichnam nur in ein Branntweinfass gelegt. Zuvor wurden die Eingeweide entfernt und im hiesigen Innenhof beerdigt (→ Geschichte, S. 31).

Einen genaueren Blick lohnt das malerisch formvollendete **Portal des Hallenhauses Brüderstraße 11**. Das Gebäude ist einer der letzten Bauten von Wendel Roskopf, es stammt von 1524. Im rechten Portalzwickel ist Wendels Monogramm zu erkennen: ›W R 1524‹.

Schönhof

Der Schönhof (Brüderstraße 8) sorgte bei seiner Fertigstellung um 1526 für großes Aufsehen, denn der Architekt Wendel Roskopf schuf hier das erste bürgerliche Renaissancehaus in Deutschland – erstaunlich, war es dem Meister doch nicht vergönnt gewesen, die Originale in Italien zu studieren. Es bereitete es ihm augenscheinlich viel Freude zu experimentieren, und so sein Bau kann als Initialzündung für den eigenwilligen Görlitzer Renaissancestil angesehen werden.

Der Schönhof diente bald als Vorbild für viele andere Görlitzer Bürgerpaläste (→ Extra S. 60). Mit seiner kunstvollen, rotbraun und grau getünchten Fassade und der üppigen Bauplastik gibt das Stadtpalais noch heute einen Eindruck von der Lebensart und dem Reichtum des alten Görlitz wieder. Der Schönhof war stets im Besitz der vornehmsten Familien, meist waren es Kaufleute. Das Palais lag in der Nähe des Rathauses und war oft Herberge für hohe Gäste, darunter Könige mit ihrem Hofstaat. Als Eckgebäude kommt dem Schönhof auch eine entscheidende statische Aufgabe zu, weil sich die gesamte Häuserzeile an ihn lehnt. Schon seit jeher braute man im Schönhof Bier. Im Jahr 1831 schlossen sich zehn Bürger zusammen, um ihn zu modernisieren, im Hinterhof wurden ein Brau- und ein Malzhaus eingerichtet. Als zu Beginn des 20. Jahrhunderts der damalige Eigentümer aber Abrissarbeiten an der historischen Substanz plante, waren die Stadtväter alarmiert. Die Provinzialregierung Liegnitz und private Spender gaben Geld, sodass der Schönhof 1909 gekauft und grundlegend saniert werden konnte. Das Haus diente später und bis 1977 als Jugendherberge und stand dann viele Jahre leer. Der schöne ursprüngliche Giebel mit Dachreiter war abgetragen worden, erst seit 1995 ist er wieder die äußere Zierde des Schönhofs. Um ihn herum grinsen Narren, Fratzen, Dämonen, Schauermasken und Schreckköpfe – als Geister sollen sie den Schönhof vor Unheil bewahren. Traurig hingegen blickt von einer unteren Konsole der zum Tode Verurteilte mit einer Eselshaube Richtung Untermarkt, wo die Urteile vollstreckt wurden. Man wertet dies heute als steingewordene Schmach und Missbilligung gegenüber Rechtsbrechern.

Im Jahr 2006 wurde im Schönhof nach 10-jähriger Restaurierung das **Schlesische Museum** eröffnet. Es befindet sich in einem dreiteiligen Komplex: Schönhof, Mittelhaus und Fischmarkthaus. Für dieses Museum gibt es wohl kein passenderes Domizil. Ein Rundgang vermittelt in 9 Abteilungen und 17 dauerhaften Ausstellungsräumen komplexe Einblicke in 1000 Jahre Kulturgeschichte. Gezeigt wird vorrangig die deutsche Tradition. Der schlesische Familienzug der Piastendynastie, verkörpert durch Herzog Heinrich I. und die heilige Hedwig, förderte zu Beginn des 13. Jahrhunderts den verstärkten Zuzug deutscher Kolonisten nach Schlesien.

Blick auf den Schönhof

Kostbare Architektur erwartet den Besucher vor allem im Schönhof: Der teils bucklig-fleckige Putz von 1526 ist noch in mehreren Räumen zu entdecken, Schäden wurden mit traditionellen bauhandwerklichen Techniken und Materialien ausgebessert. Die Rückwand des Schönhofs wurde mit einem einfachen aber wirkungsvollen Sgraffito versehen. Die Zentralhalle ist durch den späteren Einbau einer Treppe nicht mehr auf den ersten Blick zu erkennen.

Im Schönhof beginnt die Chronologie des Rundgangs im oberen Stockwerk. In der hiesigen **Abteilung Landschaften und Städte** fällt insbesondere die Oberschlesische Steinkohleschnitzerei ins Auge, die hier unter anderem mit einer Figur der heiligen Barbara und eines Bergmanns vertreten ist. Ein großes Modell des Breslauer Rathauses steht als Symbol für die schlesische Hauptstadt, Schiffsmodelle für die Oderschifffahrt. Rübezahl kommt in unterschiedlichen Gestalten daher, mit vielen Gesichtern, wie es die Sagen berichten, aber meist mit Rauschebart. Die Plastiken sind Arbeiten von Schülern der Holzschnitzschule Bad Warmbrunn. Der **Renaissance-Erker** im ersten Stock bildet äußerlich eine harmonische Einheit mit der gegenüberliegenden Rathaustreppe. Man blickt aus ungewohnter Perspektive auf Justitia, die Brüderstraße und den Untermarkt. An der östlichen Zimmerwand entzücken die erhaltenen Reste filigraner Wandmalereien. Hier kann sich der Besucher an einer Medienstation im Schnelldurchgang durch die Görlitzer Stadtgeschichte lesen.

Über der **Ausstellung zu Reformation und Gegenreformation** gefällt die einzige farbenfrohe Barockdecke im Schönhof. Hier erfährt der Gast etwas über die drei Friedenskirchen, die den Protestanten nach dem Dreißigjährigen Krieg zugebilligt wurden, und weiteren sechs Gnadenkirchen, deren Bau Kaiser Joseph I. aus dem Hause der Habsburger 1707 erlaubte. Besonders gelungen ist die Präsentation von schlesischem Kunsthandwerk – Keramik, Fayencen, Gold- und Silberschmiedeerzeugnisse, Glas und Eisenkunstguss – in drei großen Schauvitrinen.

Im **Saal Begebenheiten und Gestalten** werden die Besucher anhand von 15 Objekten und ihren Geschichten zum eigenen Entdecken eingeladen: Eine zierliche Tasse mit Untertasse aus der Königlichen Porzellanmanufaktur Berlin von 1830 erinnert an die aufsehenerregende Expedition des preußischen Regenten Friedrich Wilhelm III. mit Familie samt kleinem Hofstaat auf den Gipfel der Schneekoppe. Dieser Staatsakt löste einen beständigen Touristenansturm aus. Um die Ecke ist der modellierte Kopf der eigenwilligen Ernestine Rücker zu sehen, mit 100 Jahren damals die älteste Bewohnerin des Riesengebirges. Es ist ein Werk von Cyrillo dell' Antonio, Leiter der Holzschnitzschule Warmbrunn. Nach dem Knopfdruck an der Vitrine erfährt man Näheres, Ernestine Rücker erzählt beim Modellsitzen ihre Geschichte, ist stolz auf ihre schlanke Gestalt noch im hohen Alter, und der Künstler sollte ihre Falten nicht so deutlich erscheinen lassen. Im Oktober 1935 verstarb sie mit 102 Jahren. In diesem Raum ist auch die Totenmaske des Schriftstellers Gerhart Hauptmanns zu sehen.

Der **Repräsentationssaal** mit zwei ionischen Säulen ist mit originalem Mobiliar aus Schloss Erdmannsdorf eingerichtet. Schloss Erdmannsdorf, vom berühmten

Wunderliche Fabelwesen an der Fassade des Schönhofs

▲ Karte S. 47

Baumeister Karl Friedrich Schinkel entworfen, war der Sommersitz der preußischen Königsfamilie.

Von den 13 **farbigen Holzdecken** sind 11 größtenteils original und wurden nur gereinigt. Besonders prächtig ist Raum Nr. 11 mit dem Holzdeckendekor der Frührenaissance, mit Diamant- und Blattrankenfeldern sowie Flechtbändern auf der Unterseite der Balken. Florale Ornamente schmücken die Fasen der Nischen und Fensterlaibungen. Ein Kuriosum ist das einzige erhaltene mittelalterliche **Wasserklosett** im Schönhof, das mit gesammeltem Regenwasser gespült wurde. Es befindet sich rechts vom Eingang.

Die **Schau im Mittelhaus** widmet sich unter anderem der Industrialisierung. Das große Ölgemälde ›Jagdrast der schlesischen Magnaten‹ (1841) von Ernst Resch zeigt eine fiktive Szene. Aber für die Porträts besuchte der Künstler alle auf dem Bild Verewigten und vergaß sich auch selbst nicht. Landschaftsgrafiken aus dem 19. Jahrhundert ermöglichen dem Betrachter eine Reise durch Schlesien.

Eine Etage höher befindet sich die Schau mit Werken der Breslauer Kunstakademie, sozusagen das ›Bauhaus vor dem Bauhaus‹, vertreten mit Repräsentanten wie Oskar Moll, Otto Mueller, Johannes Molzahn, Alexander Kanoldt, Carlo Mense und Hans Pölzig. Mueller porträtierte den jungen Ivo Hauptmann, Sohn des berühmten Schriftstellers und selbst Maler. Gerhart Hauptmann ist hier durch eine Büste in typischer Goethepose vertreten.

In der **Abteilung Alltags- und Kulturleben in der Zeit der Weimarer Republik** sind seltene Bergbaufotos von Max Steckel aus dem Jahr 1928 zu sehen, die die Schwere der Arbeit unter Tage sowie auch den gewaltigen technischen Fortschritt jener Epoche dokumentieren. Auf Knopfdruck hört man verschiedene schlesische Mundarten, und auf historischen Guckkastenbildern (handkolorierte Stereofotos) wird das Urlaubsland Schlesien präsentiert.

Ein Teil der Renaissancedecke

Im Erdgeschoss des Mittelhauses vermitteln Alltagsgegenstände wie etwa Hausschlüssel, Puppen, Kinderbücher oder Koffer einen Eindruck von Flucht und Vertreibung und damit dem Untergang des alten Schlesiens. Heute liegt Schlesien zum größten Teil in Polen, nur Randgebiete gehören zu Tschechien und Deutschland.

Schwarze Straße

Rechts vor der Einmündung der Schwarzen Straße – mehr Gasse als Straße – steht ein stählernes Männlein und hält eine Speisekarte in den Händen. Hier hatten früher die Lausitzer Glasbläser ihre Manufakturen. Inzwischen hat auch der letzte seiner Zunft aufgegeben, man kann hier aber immerhin noch mundgeblasenes Lausitzer Glas erwerben. Malerisch erscheinen die **Schwibbögen** zwischen den Wänden der Häuser.

EXTRA

Görlitzer Hallenhäuser

Auf dem Untermarkt wandern die Augen von einer prächtigen Fassade zur nächsten. Es scheint, als hätte hier jemand eine übervoll mit architektonischen Schmuckstücken gefüllte Wundertüte ausgeschüttet. Aber nicht allein wegen der prächtigen Fassaden stellen die Häuser eine Besonderheit dar, dahinter verbirgt sich eine besondere Bauform, das Hallenhaus. Der Typus des Görlitzer Hallenhauses ist einzigartig in Deutschland und weniger ein schlichtes Haus als vielmehr ein Palast. 35 solcher Prunkstücke stehen noch in der Görlitzer Altstadt. Johann Wolfgang von Goethe bezeichnete die Gebäude anerkennend als ›Kaufmannsburgen‹.

Im Spätmittelalter kauften Tuchhändler mehrere kleinere Gebäude auf und ließen sie zu stattlichen Hofkomplexen zusammenfügen. Geld war genügend vorhanden; die Besitzer dieser Häuser waren durch die günstige Lage des Handelsplatzes Görlitz an der Hohen Straße, der via regia, zu Reichtum gelangt. Allerdings war der Baugrund knapp, die Grundstücke besaßen nur einen schmalen Zuschnitt. Dies war dem Umstand geschuldet, dass die Anzahl der Fenster zur Straßenseite über die Höhe der Steuern entschied. Alle Besitzer und Architekten standen vor dem gleichen Problem: Bei herkömmlicher Bauweise würde kein Tageslicht in die Mitte der Gebäude gelangen. Offene Lichthöfe, wie in mediterranen Regionen üblich, waren wegen des kälteren Klimas hier keine Option. Die Baumeister lösten das Problem, indem sie einen neuen Bautyp schufen, eben das Görlitzer Hallenhaus. Dabei werden Vorder- und Hinterhaus unter einem Dach verbunden und durch eine Zentralhalle zugänglich gemacht, die zwei bis drei Stockwerke in die Höhe ragt. Hier genügt ein weit oben eingelassenes Fenster, um das Tageslicht durch Reflexionen über weiße Kalkwände und Gewölbe im ganzen Raum zu verteilen. Von der Balustrade der Zentralhalle bis ins Erdgeschoss wurden Stoff- und Tuchballen ausgerollt, Kaufinteressierte konnten sich hier von der Qualität am besten überzeugen. Somit war der Raum ein Ort des Handelns und zugleich des Repräsentierens. Nach dem Umbau besaßen die Fernhändler hier auch riesige Lager- und Stapelräume.

Das Restaurant St. Jonathan, nur eines von vielen herrlichen Hallenhäusern

Tritt man in die Zentralhalle eines Hallenhauses ein, ist man sogleich von der großzügigen Raumanordnung überrascht. Die Fuhrwerke rollten in die Eingangshalle, die Waren wurden umgeladen, und abends sprachen hier die Bürger dem in den Kellerräumen gebrauten hauseigenen Bier zu. Der Renaissancesaal im Erdgeschoss ist zumeist von einer herrlich bemalten Holzdecke verziert.

Weitere Informationen: www.goerlitz.de/das_goerlitzer_hallenhaus.html

Untermarkt

Am Untermarkt versammeln sich herrliche Gebäude. Ein Stadtbrand legte 1525 unter anderem den Untermarkt in Schutt und Asche, der Wiederaufbau wurde in die Hände von Wendel Roskopf gelegt. Die strahlende Wiedergeburt der Neißestadt in einer erstaunlichen Einheitlichkeit und Großzügigkeit ist vor allem Roskopf zu verdanken, seine herausragenden Schöpfungen finden sich am Untermarkt und in dessen Umgebung: Schönhof, Archivflügel des Rathauses und Rathaustreppe, ehemalige Ratsapotheke (heute Café), Häuser Peterstraße 8 (heute Hotel Tuchmacher) und Brüderstraße 11 (Fassade des Hallenhauses). Am Untermarkt versammeln sich auch die für Görlitz so typischen **Hallenhäuser** (→ Extra S. 60).

Im Haus **Untermarkt 4** schwängerte Georg Emmerich (→ Geschichte) am Pfingstsonntag des Jahres 1464 die Nachbarstochter Benigna Horschel. Diesem Fehltritt des jungen Mannes verdankt die Nachwelt die weltweit beste Kopie des Heiligen Grabes von Jerusalem: Weil er die Hochzeit ausschlug, musste sich der Sünder auf Weisung seines gestrengen Vaters zur weiten Pilgerreise aufmachen. Auf der Rückreise hatte er die entsprechenden Baupläne im Reisegepäck. Die Görlitzer Kopie entstand zwischen 1481 und 1504.

■ Frenzelhof

Auf die Hotelgäste im Frenzelhof (Untermarkt 5) wartet eine ganz besondere Überraschung: Es ist das einzige Hallenhaus, das noch eine fast vollständig ausgemalte Hauskapelle besitzt. Eine zweite Kapelle mit gotischen Relikten - biblische Gestalten, Bischof, Jagdszenen und Jungbrunnen - befindet sich im ehemaligen Brauhof Goldener Anker in der Kränzelstraße 27.

Laubengang am Untermarkt

Nur seine Übernachtungsgäste führt Hotelier Weigmann während einer 20-minütigen Besichtigung auch in das ›Herz‹ des Frenzelhofs. Sie dürfen sich freuen, denn sie sehen die bedeutendsten mittelalterlichen Wandmalereien der Oberlausitz. Hans Frenzel (1463–1526), ein Görlitzer Großkaufmann, Biereigner und Grundbesitzer, verdankte seinen Reichtum vor allem dem florierenden Görlitzer Tuchhandel.

Durch eine kleine feuersichere Eisentür gelangen die Gäste in die ehemalige **Hauskapelle**, die zugleich als Tresor und Schatzkammer diente. Vor dem herrlichen filigranen Maßwerkfenster befand sich einst ein kleiner Hausaltar. Nachdem die private Annenkapelle am Obermarkt geweiht war, dürfte dieser Raum wohl vor allem als Prunkzimmer gedient haben. Die spätgotischen Malereien unter einem Netzgewölbe zeigen religiöse Motive, so das Abbild der Heiligen Familie mit der Frenzelschen Schutzgöttin Anna Selbdritt, ihren Töchtern, der heiligen Mutter Maria und in der Mitte das Christuskind, das hier keck die Beine übereinanderschlägt. Die Heilige Familie hat sich mit Gästen an einer Tafel zusammengefunden. Der

Detail der Hauskapelle im Frenzelhof

Hausherr hat dabei auch seine Familiengeschichte überliefert, denn der Betrachter erblickt bei den Anwesenden Gewänder aus vielen Teilen der Erde. Frenzel hatte Geschäftskontakte mit Händlern aus Arabien, China, Indien und Persien. Das Gewölbe schmücken farbige Blütenornamente und Bänder, herausragend ist auch der gemalte Fries, der wertvolle orientalische Teppiche, Gläser, Pokale und Vasen aus der Zeit um 1500 zeigt. Das Gewölbe eröffnet einen Blick in einen himmlischen Garten: Auf dunklem Grün gebettet, erfreuen Blumen, Früchte und farbenfrohe Kränze das Auge. Aus mediterranen Regionen kommen auch die zahlreichen Vögel im Garten. Auch sie sind Beweis für die weitreichenden Handelskontakte des Hausherrn.

■ Rathaus

Zum Rathaus sind fünf Gebäude zusammengefügt. Die geschwungene **Rathaustreppe mit Verkündkanzel**, von 1537 bis 1538 von Wendel Roskopf d. Ä. geschaffen, wird von **Justitia** bewacht, Sinnbild für die hohe Gerichtsbarkeit im Mittelalter. In Görlitz trägt sie – wie in Frankfurt am Main und Strasbourg – keine Augenbinde, als Merkmal für eine Rechtsordnung ohne Beachtung von Sippschaft und Ansehen der Person. Die Justitia wurde erst 1591 dem Bau hinzugefügt und war der steingewordene Beweis dafür, dass die Stadt die nach dem Pönfall von 1547 verlorenen Privilegien, so eine freie städtische Gerichtsbarkeit, nun wiedererlangt hatte. Allerdings sieht man hier eine Kopie aus den frühen 1950er Jahren, weil das ausgelagerte Original als verschollen gilt. Rechts über der Treppe erinnert ein **Wappenrelief** an den König von Böhmen und Ungarn, Matthias Corvinus. Die Stadt ließ es für die Lossagung vom böhmischen Ketzerkönig Georg Podiebrad sowie die wiedererlangte Ratsmacht anbringen. Matthias Corvinus regierte von 1469 bis 1490 auch über die Lausitz. Das bildschöne Renaissanceensemble der Rathaustreppe war einst der Haupteingang zum Gerichtssaal. Eine intarsienreiche Kassettendecke (1598) schmückt das hiesige Prätorium.

Auch heute trifft man sich zur Rathausführung – zu jeder vollen Stunde – an der Rathaustreppe mit Justitia. Hinter der Tür verborgen stehen die originalen Reste der Verkündkanzel. Hier befindet sich auch das **Ratsarchiv**. Dessen Baumeister war wiederum Wendel Roskopf d. Ä.

Rathausturm und Ratswaage am Untermarkt

▲ Karte S. 47

Das Archiv hat seine Aufgabe nie verloren. Heute bewahrt man hier wertvolle kommunale Archivalien auf. Der akribischen Arbeit der Stadtschreiber ist es zu danken, dass Stadtbücher, Gerichtsprotokolle und Rechnungsbücher des Rates seit dem Ende des 14. Jahrhundert nahezu geschlossen überliefert wurden. Das ›Stadtgedächtnis‹ wird auch von vielen privaten Interessenten genutzt. Über das Internet melden sich etwa US-Amerikaner mit dem Familiennamen Görlitz, um Fragen ihrer Herkunft zu klären.

Im **Gerichtserker** um die Ecke steht heute eine Gipskopie der ehemaligen Rathausglocke. Erst kürzlich fanden sich hinter einer gekalkten Wand in der linken Sitznische mittelalterliche Malereien, eine Löwenpranke aus dem Stadtwappen ist freigelegt. In den zwei Nischen saßen Richter und Schöffen, der Delinquent nahm das Urteil im Hof entgegen. Beim Blick aus dem Fenster schaut man auf ehemalige Kerkertüren. Das Urteil lautete nicht selten auf Todesstrafe, das auf dem Untermarkt sogleich vollstreckt wurde. »Erlassen sind die Gesetze, damit die Furcht vor ihnen die menschliche Bosheit im Zaume gehalten und die Unschuld unter den Ehrbaren gesichert, dagegen unter den Böswilligen durch Furcht vor Strafe die Gelegenheit Schaden zu stiften, eingedämmt werden kann« (aus ›Lex Baiuvariorum‹, 8. Jahrhundert).

Nach vollzogener Hinrichtung verkaufte der Scharfrichter anschließend Finger, Nase und Ohren zumeist an Mütter. Sie hängten diese Körperteile um den Hals, als Mahnung, niemals auf die schiefe Bahn zu geraten. Der Gerichtserker ist 30 Jahre nach dem Archivflügel angebaut worden und trägt die Handschrift von einem Sohn Wendel Roskopfs.

Eine Treppe höher befindet sich das **Standesamt**, früher der Festsaal. Dort wurde getanzt, gezecht und aufgetafelt. Bei der

Schönste Neorenaissance: das Neue Rathaus

Renovierung nach der Wende entdeckte man hinter der Zwischendecke eine herrliche Renaissancebemalung. Sie ist nun in ihrer ursprünglichen Schönheit zu sehen.

Der **Kleine Sitzungssaal** ist meist verschlossen. Manchmal aber haben Besucher Glück, da gerade eine Veranstaltung vorbereitet wird oder beendet ist. Dann kann man die gediegene mittelalterliche Wandvertäfelung und das herrliche Schnitzportal mit toskanischen Elementen in Augenschein nehmen, alles im Originalzustand aus dem 16. Jahrhundert erhalten. Für diesen hölzernen Schmuck zeichnete der Kunstschreiner Hans Marquart verantwortlich.

Nur am Tag des Offenen Denkmals, alljährlich Mitte September, ist die **Königsstube** zu besichtigen, heute Amtssitz des Oberbürgermeisters. Hier gefallen der üppige Barockstuck des Gewölbes und die schöne Aussicht auf den Untermarkt.

Der stattliche **Rathausturm** stammt von 1516. Die zwei kunstvollen **Rathausuhren** am Turm stammen aus dem Jahr 1524. Die untere versah Bartholomäus Scultetus – Mathematiker, Kartograph, Historiker, Bürgermeister und Humanist in einer Person – 1584 mit zwölfstelligem Ziffernblatt. Damit wurde die Zwölfteilung des Ziffernblattes – zuvor waren es 24 – und der Gregorianische Kalender in der Lausitz eingeführt. Merkwürdig erscheint der Kopf eines Stadtwächters mit Helm in der Mitte der Uhr. Dieser verschlief angeblich einen Brand und muss nun zur Strafe jede Minute mit den Augen rollen, dazu fällt die Kinnlade herunter. Die Görlitzer nennen ihn auch ›Alter Schwede‹ in Anspielung auf sein kriegerisches Aussehen und den Aufenthalt nordischer Truppen im Dreißigjährigen Krieg. Der obere Zeitmesser ist eine Mondphasenuhr. Hier blieb im äußeren Ring noch die 24-Stunden-Einteilung erhalten, der mittlere Ring vermerkt die Mondphasen und der innere den Monat. Ein Stockwerk höher liegt der Rathauslöwe. Er verkündete einst lautstark Vollmond und Neumondphase. Das mitternächtliche Gedröhn war aber so ohrenbetäubend, dass es ›Ärger mit dem Weibsvolk‹ gab, vor allem werdende Mütter beschwerten sich, sodass die Löwenpfeifen abgestellt wurden. Erst in den 1950er Jahren erhielt der Löwe wieder eine Stimme, diesmal etwas leiser und mit Elektrogebläse. Die Gäste dürfen das Wappentier selbst dreimal brüllen lassen. Einst verrichteten hier zwei Türmer ihren Dienst. Alle 15 Minuten war das Glockenläuten vorgeschrieben. Alle anderen Türme hatten dem Rathausturm zu folgen, das letzte Geläut war dem Nikolaiturm zugeordnet. Wer verschlief, musste mit Konsequenzen rechnen. Beim zweiten Dienstvergehen waren 24 Stunden Arrest vorgeschrieben, nach dem dritten erfolgte die Entlassung. Eine wichtige Aufgabe war die Feuersicht, schließlich verfügte im Mittelalter jedes der rund 1000 Häuser über mindestens ein Feuerloch, dazu kamen noch Bäcker, Handwerker und Schmiede. Der letzte Großbrand ereignete sich 1717, ihm fielen 400 Gebäude zum Opfer.

Der Kleine Sitzungssaal im Alten Rathaus

▲ Karte S. 47

Zur **Aussichtsgalerie** führen 191 Stufen, dabei sind 50 Höhenmeter zu überwinden. Die Aussicht vom Turm ist fantastisch, dem Betrachter liegen Unter- und Obermarkt zu Füßen.

Der große **Rathausanbau** von 1902/03 im Stil der Neorenaissance und mit traditionellem Laubengang fügt sich ästhetisch in die ältere Bausubstanz ein – und blieb die einzige neuzeitliche Zutat auf dem Untermarkt. Farbige Wappen des Oberlausitzer Sechsstädtebundes zieren die Fassade, das Görlitzer Wappen tanzt allerdings aus der Reihe und ist an der höchsten Giebelspitze zu finden.

Der im Jugendstil ausgeschmückte Ratskeller ist seit vielen Jahren nicht mehr in Betrieb. Auch der Paternoster, mit dem man vom Empfang in die oberen Stockwerke gelangen konnte, ist leider vor einem Jahrzehnt stillgelegt worden – ein solches technisches Ungetüm passt nicht mehr in eine vom Sicherheitsvorschriften beherrschte Gegenwart. Zumindest kann man ihn aber noch besichtigen.

Ab Mitte der 1990er Jahre sorgte ein Investor aus Hessen für lokale Schlagzeilen: Ekart Rittmannsperger übernachtete auf der Reise nach Polen in Görlitz und verliebte sich sofort in die Stadt. Am

Untermarkt erwarb er fünf bedeutende Häuser, darunter die Ratsapotheke, die Alte Börse und den Gebäudekomplex am Flüsterbogen.
Die Denkmalsbehörde ist begeistert, weil Rittmannsperger die historische Substanz sehr sorgsam bewahrte. Inzwischen teilt er sich sein Görlitzer Engagement mit Sohn Georg.

Ratsapotheke

Die Ratsapotheke besitzt zwei vertikale **Sonnenuhren**, beides Arbeiten von Zacharias Scultetus, einem Bruder des berühmten Görlitzer Astronomen und Mathematikers Bartholomäus Scultetus. Die Uhr auf der linken Seite trägt den Namen ›Solarium‹ (Sonne). Es ist der praktische Versuch einer Zeitzonenuhr, da Scultetus klar war, dass durch den jeweiligen Stand der Sonne an verschiedenen Orten der Welt auch unterschiedliche Zeiten gelten. So gibt Scultetus hier babylonische, bürgerliche und nordische Stunden an. Die rechte Uhr heißt ›Arachne‹ (Spinne). Am steilen Ziegeldach fallen drei schmale Gauben auf, die von weitem an Augen erinnern. Das Eingangsportal zeigt die originale Renaissancefarbigkeit. Die unter Putz gefundenen Farbreste wurden in der Fachwelt als Sensation angesehen. Auf den ehemaligen Besitzer und Gesundheitserzieher Christian August Struve verweist eine Inschrift über dem Portal. Innen gefallen neben dem Kuchenangebot insbesondere zwei Portale, eines im Stil der Gotik, das andere aus der Renaissance. Statt einer Apotheke lädt heute im Erdgeschoss das stilvolle **Ratscafé** zum Verweilen ein.

Flüsterbogen

Der Flüsterbogen ganz in der Nähe (Untermarkt 22) ermöglicht ein mittelalterliches ›Telefonat‹, denn die Hohlkehle im Eingangsportal überträgt selbst

Verständigung am Flüsterbogen

leiseste Töne. Mit zwei hässlichen Gesichtern am Ende der Kehlen wollte man böse Geister abschrecken und sie am Betreten des Eingangs hindern.

Zeile

Die Mitte des Untermarkts (Untermarkt 9–16) wird von der sogenannten Zeile eingenommen. Hier sind zwei Bauwerke bemerkenswert. Die **Alte Börse** gegenüber dem Flüsterbogen, auch als Neues Kaufhaus bekannt, ist ein typischer Barockbau. Er besitzt eine schlichte Fassade, durch die der Portalschmuck mit zwei reizenden weiblichen Allegorien um so mehr zur Geltung kommt. Sein Schöpfer war der Görlitzer Caspar Gottlob von Rodewitz, der auch den Hauptaltar der Dreifaltigkeitskirche erschuf. In der Mitte erinnert eine Aufschrift, dass hier 1784 Stadtmuseum und -bibliothek ihre Pforten öffneten. Der Namen des Schmiedemeisters, der die kunstvollen Fensterkörbe im Erdgeschoss und die Oberlichtgitter des Portals schuf, sind hingegen nicht überliefert. In der Börse trafen sich die Görlitzer Kaufleute wöchentlich zu ihren Versammlungen. Wer über die entsprechenden Mittel verfügt, kann heute hier im vornehmen Hotel ›Börse‹ nächtigen.

Die Ratswaage

Den östlichen Abschluss der Zeile bildet die **Ratswaage**. Sie war der letzte bedeutende Renaissancebau in Görlitz. Die 17 Konsolsteine schlanker Säulen werden von Porträtbüsten geschmückt. Zu sehen sind der Stadtbaumeister Jonas Roskopf (ein Nachfahre des berühmteren Wendel Roskopf) mit einem Zirkel, der Waagemeister Andreas Alert mit einem Gewicht, der Maurermeister Elias Ebermann und im Verein mit grimmig dreinschauenden Soldaten auch ein keckes Liebespaar.

Neptunbrunnen

Zwischen Ratswaage und Rathausturm plätschert der Neptunbrunnen. Seit dem Altertum ist Neptun als Beherrscher der Ozeane, aber auch der Quellen und Flüsse bekannt. Der Meeresgott soll hier den städtischen Brunnen beschützen. Wegen seines Dreizacks bezeichnen ihn die Schlesier vielerorts als ›Gabeljürge‹. Die Görlitzer waren mit der um 1756 fertiggestellten Arbeit des Meisters Johann Georg Mattausch nicht so recht zufrieden, sie verspotteten die barocke Steinmetzarbeit als zu klobig. Man betitelte das Werk anfangs sogar als Skandal der Bildhauerkunst.

▲ Karte S. 47

Brauner Hirsch

Ein weitläufiges barockes Hallenhaus ist der Braune Hirsch an der Ecke Untermarkt/Neißstraße. Es wurde 1722 für Johann Christoph Pößner errichtet, dessen Wappen an der Marktseite der Fassade erhalten ist. An den Vorgängerbau, den ein Stadtbrand 1717 zerstörte, erinnern noch die Schlusssteine an den gotischen Lauben mit den Jahreszahlen 1486 und 1539 sowie Hausmarken. Beeindruckend sind vor allem die massigen Pfeiler, auf denen sich die Säulen des **Laubengangs** stützen. Die unteren Fenster des Gebäudes sind als eine Station des ›Walk of Görliwood‹ dekoriert (→ S. 68).
Eine Gedenktafel für den berühmtesten Gast des Hauses sucht man vergeblich. Herzog Ernst August von Weimar, der sich bei seinem preußischen Verbündeten in Schlesien aufhielt, hatte Johann Wolfgang von Goethe dorthin eingeladen. Die Militärs erwarteten eine weltbewegende Schlacht, und Goethe wollte

Im Restaurant St. Jonathan

Der Neptunbrunnen

sie aus der Ferne beobachten. Allerdings gab es dann doch keine Kampfhandlungen. Goethe nahm das Angebot gern an, hatte er sich doch soeben von Charlotte von Stein getrennt und Christiane Vulpius zugewandt, was in Weimar für unschönen Tratsch und Klatsch sorgte. Am 31. Juli 1790 kam er über Stolpen und Bautzen nach Görlitz, in der Posthalterei in der Neißstraße 30 wurden die Pferde gewechselt. Es ist zu vermuten, dass Goethe die Zeit nutzte, um in der gegenüberliegenden vornehmen Herberge einzukehren. Für den 24. September 1790, auf der Rückreise aus dem Riesengebirge, ist ein Mittagessen im ›Braunen Hirsch‹ in Goethes Tagebuch vermerkt. .
Auch Generalfeldmarschall Gebhard Leberecht von Blücher besuchte den Gasthof. Vielleicht heckte er hier bei reichlich Wein seinen Plan aus, die Görlitzer bis aufs Blut auszupressen: 90 000 Taler hatten sie ihm zu zahlen. Im Fall einer Weigerung wollte er die Stadt zum Plündern frei geben. Die Bürgerschaft entschied sich für Ersteres.

Im Sommer 2009 drehte man hier Szenen für den Kinofilm ›Goethe‹, 2015 war das Haus ein Handlungsort für den Spielfilm ›Der junge Karl Marx‹. Vom Frühjahr bis zum Herbst werden am Wochenende Führungen angeboten.

■ St. Jonathan

In der Peterstraße 16, schräg gegenüber der Ratsapotheke, ist heute das beliebte Restaurant ›St. Jonathan‹ beheimatet. Dieses Hallenhaus fügte man aus ursprünglich drei Gebäuden zusammen. Es besitzt die größte Zentralhalle dieses Haustyps in der Altstadt. Im Erdgeschoss ist der Grundriss aus drei Ursprungshäusern noch gut zu erkennen, wobei das mittlere Haus der heutige Eingangsbereich und die anschließende Durchfahrt zum Hof ist.
Der Eingangsbereich ist mit einem interessanten **Springrippengewölbe** versehen: Dabei handelt es sich um versetzte Schlusssteine, auf die jeweils statt vier Rippen nur drei Rippen zulaufen. Die Spannung wird durch ein zusätzliches Gewölbefeld zwischen den Schlusssteinen erhalten. Es ist das einzige Görlitzer Springrippengewölbe. Diese Bauform kommt eigentlich nur im Sakralbau vor. Der Rest eines Portals im linksseitigen Pfeiler deutet auf einen Zugang in das linksseitig angrenzende, mit Acanthusmalereien versehene gotische Tonnengewölbe hin. Diese Seite war offensichtlich ursprünglich eine geschlossene Wand, die später soweit geöffnet wurde, wie es heute zu sehen ist. Das Portal wurde aufgegeben und der einzelne Portalpfeiler blieb nur erhalten, weil er in der verbliebenen Stütze stand. Eventuell war der heutige Mitteleingang einmal eine eigenständige kleine Kapelle, was das Springrippengewölbe erklären könnte. Wissenschaftlich belegte Nachweise gibt es dafür aber bislang noch nicht.

EXTRA

Görliwood - Film ab!

Görlitz ist als Drehort bei Regisseuren seit längerem ein heißer Tipp. Wer sich für die Geschichten hinter den einzelnen Filmen interessiert und wissen will, wo genau welche Szenen gedreht wurden, ist beim Rundgang mit Karina Thiemann und Lothar Hoffmann willkommen. Neu ist die Stadtrundfahrt mit dem Doppeldeckerbus ›Görliwood Entdecker‹ zu Drehorten im weiteren Stadtgebiet.

In Görlitz fanden 2004 die Außenaufnahmen für die Hollywoodproduktion ›In 80 Tagen um die Welt‹ statt, 2008 fuhr Kate Winslet mit der Straßenbahn durch Görlitz - Szenen für ›Der Vorleser‹. Im November des gleichen Jahres folgten ihr unter anderem Brad Pitt und Daniel Brühl in ›Inglourious Basterds‹ (Regie: Quentin Tarantino), und 2009 drehte Regisseur Philipp Stölzl hier seinen Kinofilm ›Goethe!‹. 2012/13 war das Warenhaus die Haupt-kulisse für den später mit vier Oscars gekrönten Film ›The Grand Budapest Hotel‹ (Regie: Wes Anderson). Im Mai 2015 liefen die Hauptdarsteller Emma Thompson und Brendan Gleeson durch Görlitz, Emmerich- und Hilgerstraße bildeten die Kulisse für die Verfilmung des Hans-Fallada-Romans ›Jeder stirbt für sich allein‹ (Regie: Vincent Perez). Im Herbst des Jahres war der Untermarkt die Kulisse für gleich drei Metropolen zur Mitte des 19. Jahrhunderts: Manchester, London, Paris. In der Titelrolle des Films ›Der junge Karl Marx‹ wandelte Schauspieler August Diehl durch die Stadt Görlitz. Als zentraler Handlungsort des Kinofilms (Regie: Raoul Peck) diente das Halleneckhaus ›Brauner Hirsch‹ am Untermarkt.

Die Geschichte des Drehorts Görlitz begann 1954. In diesem Jahr wurde hier für ›Der Ochse von Kulm‹ gedreht. Die Komödie avancierte zu einem der erfolgreichsten Filme der DEFA, über vier Millionen Zuschauer strömten in die Kinos. Seither sind Regisseure von der ›Schönen an der Neiße‹ angetan. Inzwischen zählt die Statistik etwa 80 Filme mit über einer Stunde Laufzeit, in denen sich Görlitz unter anderem in Paris, Frankfurt (Main), Königsberg, Heidelberg, Dresden, New York oder sogar Venedig verwandelte. 1968 ergötzten sich weibliche Angestellte beim Blick aus den Rathausfenstern stundenlang an den Dreharbeiten zu ›Jungfer sie gefällt mir‹, nicht nur wegen der versammelten Schar der DDR-Stars: Mit blanken Hinterteilen mussten die Komparsen, die preußische Rekruten darstellten, sehr lange auf Sonnenlicht warten, ohne das eine Szene nicht gedreht werden konnte. Sie war zwar irgendwann im Kasten, fiel aber später dem Schnitt zum Opfer. Der Untermarkt ist der wohl beliebteste Görlitzer Filmort. Schon die DEFA hatte dessen Potential für sich entdeckt und ersparte sich teure Dreharbeiten in Venedig. 1987 wurden für den poetischen Kinderfilm ›Geisterfahrer‹, nach einem fragmentarischen Fortsetzungsroman von Friedrich Schiller, hunderte Meter Stoffbahnen ausgerollt, die das fehlende Wasser ersetzten.

Der filmische Dornröschenschlaf nach dem Ende der DDR währte nur kurz. Seit 2004 ist auch Hollywood immer mal wieder präsent. Damals drehte Frank Coraci hier die Action-Komödie ›In 80 Tagen um die Welt‹, und der Görlitzer Untermarkt erschien wochenlang wie Paris um das Jahr 1880. Die 250 Maler, Stuckateure und Schreiner hatten ganze Arbeit geleistet, überall gab es illusionäre Cafés und Weinstuben. Die Görlitzer waren begeistert und sehr traurig, als die Filmcrew wieder abzog. Zur Erinnerung hängen bis heute hier und da noch Reklameschilder, beispielsweise im romantischen Innenhof, in den man nach dem Durchschreiten des Flüsterbogens am Untermarkt 22 gelangt: ›Vins De Bourgogne‹. Für die ARD-Produktion ›Nicht mit mir Liebling‹ (2010) war der damalige Oberbürgermeister sogar bereit, für die Dauer der Dreharbeiten sein Rathausbüro komplett zu räumen.

Anfang 2013 spielte im hiesigen Restaurant ›Lucie Schulte‹ nach dem Dreh öfters Jeff Goldblum am Klavier, einer der Hauptdarsteller der Tragikkomödie ›The Grand Budapest Hotel‹. Für diesen Film hatte man das leerstehende Warenhaus in der Nähe der Frauenkirche zur Luxusherberge umgestaltet. Im benachbarten Café ›Flüsterbogen‹ sammelten sich in jenen kalten Wintertagen die Komparsen zum Aufwärmen, 1000 Liter Suppe wurden damals kostenlos verteilt. Die Filmstars logierten fürstlich gegenüber im Hotel ›Börse‹. Hier parkten die schwarzen Limousinen, die zwischen dem Kaufhaus und der hiesigen Maske und Garderobe im Erdgeschoss der Herberge pendelten.

Kurios ist, weshalb Görlitz als Drehort für ›Der Vorleser‹ auserkoren wurde. Buchautor Bernhard Schlink war kurz nach der Wende in Polen, er übernachtete auf der Heimreise in Görlitz und lief im Morgengrauen durch die Stadt zum Bahnhof. Er empfand die Stadt als irgendwie geisterhaft und grau, und es gab im Unterschied zum modernen Heidelberg noch eine Straßenbahn. Große Teile des Romans spielen im Heidelberg der Nachkriegszeit, als auch hier noch Straßenbahnen fuhren. Da Schlink im engen Kontakt zu den Filmemachern stand, kam Görlitz schnell in die engere Wahl. Als Hauptdarstellerin an der Seite von David Kross war eigentlich Nicole Kidman vorgesehen, die sich aber nicht an den Drehplan hielt und überraschend ein Kind erwartete. So bekam Kate Winslet das Angebot, für sie ein Glück, denn für diese Rolle erhielt sie ihren ersten Oscar. Die Görlitzer Frauenwelt erinnert sich daran, dass Kate Winslet während der Filmaufnahmen zwei Paar Absatzschuhe verschliss und sich Ersatz bei Leiser nahe der Frauenkirche kaufte.

2009 filmte Quentin Tarantino auf dem Untermarkt einige Szenen für den Kriegsfilm ›Inglourious Basterds‹. Wegen der vielen Kampfszenen waren sportliche junge Männer als Komparsen gefragt. Damit die Details stimmig werden konnten, mussten sich die Auserwählten zwei Wochen einer speziellen militärischen Ausbildung unterziehen. Mal dürfen bei Aufnahmen die Kleindarsteller keine extremen Frisuren tragen und Frauen keine roten Fingernägel, dann wieder sind Langhaarige und Männer mit echten Bärten gefragt – und so können Sie während ihres Stadtbummels Einheimische nach Filmererlebnissen befragen, viele erzählen dann ihre eigene Geschichte.

Für ›Goethe!‹ rieselte es im August 2009 Kunstschnee am Untermarkt. Görlitz war jetzt also Frankfurt (Main), und Goethe alias Alexander Fehling fuhr in einer Kutsche ein. Es kam zum Tumult, die ersten Exemplare seines Erstlingswerkes ›Die Leiden des jungen Werther‹ fanden reißenden Absatz. 200 Komparsen hatten dabei ihren Auftritt. 2013 wehten auf demselben Platz viele Hakenkreuzfahnen für die ›Bücherdiebin‹. Regisseur Brian Percival drehte hier eine spektakuläre Bücherverbrennung, die beinahe außer Kontrolle geriet, weil sie nach Drehplan nur lichttechnisch vorgesehen und daher nicht von der Feuerwehr abgesichert war. Es loderten dann aber doch echte Flammen. Und noch wochenlang später fand man herumgeflogene angebrannte Buchseiten in der

Umgebung. Zum Glück kam es zu keiner Katastrophe. Im Herbst 1790 hielt sich Goethe für einige Stunden am Untermarkt im Gasthaus ›Brauner Hirsch‹ auf, 37 Jahre später veröffentlicht er die Ballade ›Der Zauberlehrling‹, die just im Frühjahr 2017 hier von MDR/ZDF als Kinderfilm abgedreht wurde. Im selben Jahr drehte ein deutsch-polnisch-französisches Team am Untermarkt längere Szenen für den Kinofilm ›Der Hauptmann‹. Im Gasthof ›Brauner Hirsch‹ findet eine Orgie, vor dem Hotel ›Börse‹ eine Erschießung statt. In einem längeren Abspann fährt der Hauptmann Willi Herold mit seiner Leibgarde in der Gegenwart im offenen Wehrmachtswagen durch die Berliner Straße bis zum Marienplatz und nimmt dort Personenkontrollen vor – als besonderer Gag zum ansonsten sehr ernsten Thema.

Für ›Der Turm‹ (2012) kam Schauspieler Jan Josef Liefers zum zweiten Mal nach Görlitz. Schon 1985 war er als junger Komparse im DEFA-Propagandafilm ›Ernst Thälmann‹ zu sehen. An jene Tage erinnert an der Ecke Kränzelstraße/Bergstraße in weißen Großbuchstaben an die Wand geschrieben ›Wählt Thälmann‹. Der Spruch ist mittlerweile unter Schutz gestellt.

Infos: Die komplette Görlitzer Film-Dreh-Liste: www.goerlitz-filmstadt.de

Führungen: www.goerlitz.de/angebot/detail/170-Individualreise-Film-ab-Rundgang-durch-die-Filmkulisse-Goerlitz

Walk of Görliwood/Stationen: www.goerlitz.de/Walk-of-Goerliwood.html

Diese denkmalgeschützte Schrift blieb als Kulisse vom hier gedrehten DEFA-Film ›Ernst Thälmann‹ erhalten

Weitere Sehenswürdigkeiten in der Altstadt

In der Nachbarschaft des Untermarktes sind weitere erstrangige Architekturdenkmäler zu bestaunen, so in der Neiß-, Peter- und Nikolaistraße.

Barockhaus

In der Neißstraße, die Fortsetzung der Brüderstraße über den Untermarkt zur Altstadtbrücke hin, befindet sich das Barockhaus. Seine Sammlungen stellen das wissenschaftliche Gedächtnis der Oberlausitz dar. Über 230 Jahre Sammlungskontinuität an einem Ort ist sehr selten. Besucher können hier einen Überblick über die aufregende regionale Wissenschaftsgeschichte erhalten, daneben findet sich auch Platz für Kabinettausstellungen. Der Gebäudekomplex erstreckt sich über das Stadtpalais Barockhaus und zwei hintereinander liegende Höfe, die eine Passage zwischen Neißstraße und der Gasse Handwerk bilden. Fachleute bezeichnen es als Leipziger Durchhaus und sehen es als so wertvoll wie der berühmte Bartelsche Hof in der Messestadt an. Fuhrwerke mussten dank dieser Passage nicht wenden und konnten auf der einer Seite hinein- und auf der anderen wieder hinausfahren. Im ersten Stock des Barockhauses befindet sich die frühere ›Residenz‹ des Damast- und Leinwandhändlers Johann Christian Ameiß und seiner Familie mit großen Privatgemächern. Der aus Zittau stammende Geschäftsmann ließ das Barockhaus zwischen 1726 und 1729 an dieser Stelle neu errichten. Seit 1950 ist es Teil des städtischen Museums. Das Gebäude bildet mit seiner einzigartigen Architektur und der weitgehend originalen Ausstattung eine museale Einheit.

Vom Treppenhaus gelangt man zuerst in die große Diele, den **Empfangssaal**, der vermutlich auch als Speisezimmer der

Portalschmuck am Barockhaus

Familie sowie zur Aufbewahrung von Hausrat und Kleidung diente. Aus dieser Zeit ist die herrlich verzierte Stuckdecke erhalten geblieben. Ihre herausragende Qualität, die die vieler sächsischer Schlösser übertrifft, erreichten die Baumeister, indem sie farbige Gipssorten mischten – eine damals sehr teure Technik. Allerdings passt die Herrlichkeit der Decke nicht zum kargen Dielenfußboden. Man vermutet heute, dass wirtschaftliche Probleme den Hausherrn hier zur Sparsamkeit zwangen.

Von der Diele gelangt man in die anderen Wohnräume. Das **Ankleidezimmer** mit privaten Accessoires bildet das funktionale Pendant zum **Schlafzimmer** nebenan, das der Hausherr vermutlich nicht nur zur Bettruhe, sondern auch zum Empfang von Geschäftspartnern und Kunden nutzte. Die Vitrinen sind ein Relikt aus DDR-Zeiten; 1950 war das Barockhaus das erste neu eröffnete Museum im Land. Der Raum eröffnet herrliche Ausblicke auf den Untermarkt und die einstige Handelsstraße via regia. Im **Großen Salon**, in dem der Hausherr ranghohe Gäste und Geschäftspartner empfing oder auch mit der Familie mu-

Im beeindruckenden Büchersaal der Oberlausitzischen Bibliothek

sizierte, erfreuen sich die Augen vor allem an der schönsten und aufwändig gestalteten Stuckdecke des Hauses (um 1730). Kunstvolle Reliefs mit allegorischen Abbildern symbolisieren die vier Jahreszeiten, die hier mit den weiblichen Lebensaltern verbunden sind: Der Frühling wird als junges Mädchen mit Blüten, der Sommer als junge Frau mit Getreidegarben, der Herbst als Frau reiferen Alters mit Weintrauben, der Winter als Greisin mit Feuer dargestellt. Der filigran gestaltete Ofen gehört nicht zur ursprünglichen Ausstattung, sondern ist eine Meisterarbeit aus dem Oberlausitzer Ort Hörnitz. Die Stuckdecke im angrenzenden **Kleinen Salon** zeigt drei Ameisen als Zeichen des Hausbesitzers, daneben sein verschnörkeltes Monogramm. Hier sind auch die Reste des Fensterrahmenstucks erhalten, der einst auf der gesamten Hausachse der Neißstraße vorhanden war.

Der Ostflügel des Gebäudes überrascht mit einer **Kunstkammer**, die eine kleine, aber feine Ansammlung an Gold- und Silberschmiedearbeiten, Glas, Porzellan und Fayencen sowie Skulpturen zeigt. Sie repräsentieren einen Querschnitt von Meisterwerken der Malerei, Bildhauerei, Möbel-, Textil- und Schmiedekunst. Zumeist handelt es sich um von Kaufleuten, Handwerksmeistern, Bürgerschaft und Kirche beauftragte Arbeiten. Der Lage an den bedeutenden Handelsstraßen verdankt die Oberlausitz in der Barockzeit enge Kontakte zu den Zentren der Luxusgüterproduktion. So ist es nicht verwunderlich, dass diese Artikel in adligen, geistlichen und vermögenden bürgerlichen Haushalten Einzug hielten. Die ausgestellten Kunstwerke gelangten teilweise aus privaten Sammlungen ins Museum. Darunter gefallen insbesondere der anmutige Posaune blasende Engel (18. Jahrhundert) und der große Osterleuchter aus getriebenem Silber, der einst in der St.-Peter-und-Paul-Kirche stand.

Im Jahr 1726 verstarb der Jurist Johann Gottlieb Milich (geb. 1678) in Schweidnitz/Schlesien. Seine überaus reiche **Bibliothek** übereignete er testamentarisch dem Görlitzer Gymnasium unter der Bedingung, dass seine Sammlung für jedermann öffentlich zugänglich sein sollte. Der bibliophile Schatz wurde anfangs im Rathaus aufgestellt, dann in der Börse am Untermarkt, wo sie an zwei Tagen in der Woche eingesehen werden konnte. Die Milich'sche Sammlung gelangte 1951 schließlich ins Barockhaus und ist seither ein gesonderter Bestandteil der Oberlausitzischen Bibliothek der Wissenschaften. Auch Milichs **Kuriositäten- und Wunderkammer** kam nach Görlitz. Hier sieht man unter anderem einen Kupferstich, der den Beschuss von Görlitz im Jahr 1671 zeigt, sowie eine große Wasseruhr, deren Mechanismus durch von Kammer zu Kammer abfließendes Wasser angetrieben wurde.

1779 wurde die Oberlausitzische Gesellschaft der Wissenschaften gegründet. Zu den Mitgliedern zählten Vertreter des gebildeten Bürgertums und des aufge-

▲ Karte S. 47

klärten Adels, die durch die Förderung der Wissenschaften das wirtschaftliche, kulturelle und wissenschaftliche Leben der Oberlausitz systematisch entwickeln und das Lebensniveau der Bevölkerung, insbesondere der leibeigenen Bauern, nachhaltig verbessern wollten. Sie forschten in verschiedensten Wissenschaftsdisziplinen und trugen umfangreiche Sammlungen zusammen. Ihre geistigen Väter sind die beiden Universalgelehrten Adolf Traugott von Gersdorf und Karl Gottlob von Anton, die mit ihren privaten Sammlungen auch den Grundstock für die Gesellschaftsbibliothek legten. Die heutige Oberlausitzische Bibliothek der Wissenschaften (OLB) vereint seit 1951 den historischen Bestand mit der Milichschen Bibiothek.

Als Interieurkunstwerk gehört der **Büchersaal** im Westflügel des Barockhauses zu den schönsten Bibliotheksräumen Deutschlands. Er beeindruckt mit seinen imposanten ›Triumphbögen des Wissens‹, die vergleichbar sind mit jenen in den Franckeschen Stiftungen in Halle und britischen Collegebibliotheken: Fünf Bücherregale wurden der Grundidee barocker Theaterarchitektur folgend wie Kulissen aufgestellt. Die ersten sind vier wahrscheinlich vor 1804 gefertigt und in den Saal umgesetzt worden, der fünfte Bogen kam 1841 hinzu. Der Bestand der OLB umfasst gegenwärtig 140 000 Bände, die etwa 900 Jahre Kultur- und Geistesgeschichte dokumentieren. Alle Werke können im Lesesaal der Bibliothek benutzt werden. Hier schlug man die einst vorhandenen schönen Stuckdecken ab, damit der Leser nicht abgelenkt werde und nach oben, sondern ins Buch schaut. Fast die Hälfte der Bücher ist bereits vor 1900 erschienen. Die hiesigen ersten Bibelübersetzungen ins Sorbische sind bis heute bedeutsam, denn ohne diese schriftlichen Überlieferungen wäre die Sprache wahrscheinlich bereits ausgestorben. Daneben befinden sich auch Schriften von Jacob Böhme. Eine wertvolle Abschrift aus dem 12. Jahrhundert ist der hier ausgestellte handschriftliche Kodex des römischen Gelehrten und Historikers Gaius Sallusitius Crispus. Die ›Biwlia Ruska‹, eine Bibel, ist das erste mit kyrillischen Lettern gedruckte Buch in ostslawischer Sprache.

Im zweiten Obergeschoss befand sich die Wohnung des Kompagnons von Ameiß, Christian Hähnisch. 1804 kaufte Karl Gottlob von Anton das Haus einschließlich der Nebengebäude für die Oberlausitzische Gesellschaft der Wissenschaften und man richtete im zweiten Geschoss den **Großen Versammlungssaal** ein. Seit 1806 ist die Gesellschaft Eigentümer des Gebäudes. Das Erscheinungsbild des Saals zeigt den typischen Klassizismus aus der Umbauphase Anfang des 19. Jahrhunderts, auch die Möbel stammen aus jener Zeit. An den Wänden sieht man eine Ahnengalerie der Gesellschaft, die hier bis zur Enteignung durch die Sowjets im Jahr 1945 ansässig war.

Das **Graphische Kabinett** bewahrt 60 000 Exponate auf. Bis zum Siegeszug der Fotografie war das zeichnerische Darstellen selbstverständlich, Kunst und

Bibliophile Schätze

Wissenschaft bildeten eine Einheit, und so brachten es auch viele Gelehrte und Forschungsreisende zu großer Perfektion. Im **Grünen Saal**, mit einer kleinen Gemäldesammlung, ist unter den Bildern ›Der Gartenfreund‹ (1860/65) von Carl Spitzweg wohl am berühmtesten.

Aufsehen erregen die Versuchsmaschinen im **Physikalischen Kabinett** von Adolf Traugott von Gersdorf auch heute noch: So sieht der Besucher eine von weltweit nur noch vier existierenden großen Scheibenelektrisiermaschinen eines damals angesehenen Erfinders aus Holland. Selbst der weltberühmte Mathematisch-Physikalische Salon im Dresdner Zwinger kann solche Gerätschaften nicht vorweisen, einzig in Teylers Museum in Haarlem kann man noch Derartiges sehen. Die mit den Maschinen erzeugten Stromschläge hielt man für kurze Zeit in sogenannten Leidener Flaschen oder hier bildlich in mehreren elektrischen Gemälden – sogenannten Lichtenbergschen Figuren – fest. Eine Vakuum-Luftpumpe aus Freiberg wurde 1795 nach englischem Vorbild gefertigt.

Im **Kabinett der Altertümer** mit Reisesouvenirs ist ein Abguss der Marcussäule in Rom ausgestellt. Wertvoll ist eine Sammlung von etwa 5000 Siegeln, mit denen eine Prüfung auf die Echtheit gesiegelter Dokumente erfolgen konnte. Ende des 18. Jahrhunderts stießen Arbeiter beim Bäume pflanzen im Schlosspark von Königswartha auf ein Gräberfeld aus der Bronzezeit, die außerordentlich gut erhaltenen Gefäße sind hier zu sehen.

Das **Naturalienkabinett** zeigt neben Freiberg die zweite noch vorhandene private Mineraliensammlung Deutschlands; die dritte – Johann Wolfgang von Goethe hatte sie aufgebaut– ging nach 1945 in Böhmen verloren. Im **Riesengebirgskabinett** sind zahlreiche Exponate aus Rübezahls Reich zu sehen, so beispielsweise Granit aus der Großen und Kleinen Schneegrube. Der höchste Teil der Sudeten war das bevorzugte Erkundungsgebiet der zur Natur forschenden Mitglieder der hiesigen Gesellschaft. Als interessierten Mineralogen zog es Adolf Traugott von Gersdorf auch in die Alpen, davon zeugt das **Schweizkabinett**. Der Zufall ließ ihn Zeuge der Erstbesteigung des Mont Blanc am 8. August 1786 werden, was er in seinen Tagebucheinträgen dokumentierte. Gersdorf kaufte 1790 ein plastisches Modell des Tals von Chamonix und der Bergkette des Mont Blanc, auch ein winziges Stück von der Gipfelspitze brachte er mit nach Görlitz.

Der Abschluss des Rundgangs führt in das einstige **Logenzimmer** der Görlitzer Freimaurerloge ›Zur gekrönten Schlange‹, die bis 1865 ihr Domizil im Barockhaus Neißstraße 30 hatte. Karl Gottlob von Anton, einer der Mitbegründer der Oberlausitzischen Gesellschaft der Wissenschaften, war aktiver Freimaurer und auch der Meister vom Stuhl der Görlitzer Loge. Der schwarze Raum diente der Vorbereitung zur Aufnahme in den Männerbund.

Im Jahr 1742 nächtigte Leopold I., Fürst von Anhalt-Dessau, in der Neißstraße 30. Bei einem Ritt durch die Dessauer Innenstadt kam der Landesherr an einem Töpfermarkt vorbei und fragte die Marktfrauen, wie denn die Geschäfte liefen. Sie schimpften und lamentierten, worauf Leopold I. sein Pferd in die Verkaufsstände lenkte und solange herumritt, bis alles in Scherben lag. Die Gebrüder Grimm inspirierte diese Begebenheit zu ihrem Märchen ›König Drosselbart‹. Der auch als ›Alter Dessauer‹ berühmte Haudegen überlebte fast 50 mörderische Gefechte und Belagerungen. Daher meinte das Volk, der preußische General sei unsterblich und er hätte seine Seele an den Teufel verkauft.

▸ Karte S. 47

›Gaffkopf‹ am Biblischen Haus

Biblisches Haus

In direkter Nachbarschaft zum Museum Barockhaus Neißstraße 30 befindet sich das Biblische Haus (1570), einst Wohnhaus der aus Weimar stammenden Waidhändlerfamilie Heinze. Die Fassade zur Neißstraße ist mit kleinteiligen **Reliefs** aus dem Alten und Neuen Testament geschmückt, was dem Gebäude seinen Namen gab. Nicht nur die kunstfertige Darstellung fasziniert den Betrachter. Anhand der vertikalen Zuordnung der horizontalen Bildachsen kann man erkennen, dass biblische Begebenheiten des Neuen Testaments ihre ikonografische Entsprechung im Alten Testament finden. Als Schlussstein des Rundportals reckt der bärtige Gaffkopf seinen Hals interessiert in Richtung Untermarkt.

Das Biblische Haus ist eines der typischen Görlitzer Hallenhäuser. Die schmale **Zentralhalle** beeindruckt mit ihren kunstvoll gearbeiteten Treppenläufen und Galerien auf mehreren Ebenen. Älter als die Hülle des Hauses ist der annähernd quadratische **Gewölberaum** im Erdgeschoss; er stammt von einem Vorgängerbau. Ein mittiger Granitpfeiler trägt vier schmucklose Kreuzgewölbe. Das **Renaissancezimmer** im ersten Zwischengeschoss besitzt noch die originale farbige Holzbalkendecke. Der Blick nach oben offenbart Acanthusranken, dazwischen tummelt sich allerlei Getier. Das Biblische Haus ist zu besonderen Anlässen geöffnet, im Gebäude befinden sich die Büros der Museumsmitarbeiter der Görlitzer Sammlungen.

Weitere Häuser rund um die Neißstraße

An der Hausfassade **Neißstraße 23** halten zwei Männer in der Mitte einen großen Schankkrug, das Hauszeichen für einen ehemaligen Brauhof.

Eine für Görlitz außergewöhnlich Fassade mit gelb-roten und stachligen Acanthusranken schmückt das Haus **Neißstraße 20**. Sie wurde Ende des 17. Jahrhunderts erstmals aufgemalt, und der Besitzer wollte damit sein Anwesen vor Unglück schützen. Seit Jahrhunderten galt die mediterrane Staudenpflanze als Sinnbild für Tatkraft und Unvergänglichkeit. Genutzt hat es ihm nichts: Am 13. April 1726 loderten aus seinem Haus die ersten Flammen, die dann fast die gesamte südliche Altstadt zerstörten.

Das Gottvertrauen der Görlitzer blieb aber offenbar unerschütterlich: Der Nachbar in der **Neißstraße 19** ließ 1727 einen Schlussstein fertigen, auf dem er um Hilfe des Allmächtigen bat, das Haus fortan vor Unglück zu bewahren.

Die Kränzelstraße geht von der Neißstraße ab. Der ehemalige Brauhof **Goldener Anker** (Nr. 27) besitzt eine sehenswerte Fassade und ein interessantes Portal aus der Epoche der Frührenaissance. Das barocke Innere offenbart eine imposante Erdgeschosshalle, Gewölbe in mehreren Stockwerken sowie die Relikte der einstigen Hauskapelle mit farbiger Ausmalung. Noch zu erkennen sind ein

Bischof neben biblischen Figuren, Jungbrunnen und der Schauplatz einer Jagd. Auch der Blick auf die herrliche Barockfassade des **Hauses Handwerk 22** (1717) lohnt. Es quillt über vor plastischem Zierrat und weist schöne Giebelbekrönungen und Kartuschen auf.

■ Peterstraße

Das Haus **Peterstraße 4** zeigt sich von außen im Barockgewand. Die Pforte steht fast immer offen, da sich hier das Café ›Lucullus‹ befindet. Schauen Sie unbedingt hinein, denn allein die Außentür ist ein kleines Kunstwerk für sich. Nach dem Eintreten erblickt man den herrlichen kleinen Innenhof mit Umgängen, begrenzt von zierlichen Brüstungen und gehalten von scheinbar etwas zu groß geratenen Konsolen. Der Hof war ursprünglich nach oben offen, wurde aber schließlich überdacht. Der versteckte Sommergarten mit von Wein umrankten Mauern offenbart einen märchenhaft zauberhaften Blick auf die Barockhaube des Nikolaiturms. Von 1570 bis 1614 lebte und arbeitete in diesem Haus der Görlitzer Astronom und Mathematiker Bartholomäus Scultetus. Während seines Studiums in Leipzig freundete er sich mit Tycho Brahe an, dem späteren Hofastronomen in Prag,

Das Hotel ›Tuchmacher‹

▲ Karte S. 47

und sie standen in engem Briefkontakt. Als Brahe hier seinen Görlitzer Kollegen traf, soll auch Johannes Kepler aus dem benachbarten Sagan (heute Żagań) angereist sein. Er stand dort in Diensten Wallensteins.

Am Hausportal **Peterstraße 10** ist eine grausige Szene zu sehen: Eine Frau hält in der linken Hand ein Schwert, in der rechten einen abgetrennten Männerkopf beim Schopfe. Die biblische Judith hat den Feldherren Holofernes gestraft, weil seine Soldaten ihre Stadt bedrohten. Die andere Frau ist Lucretia, die die Unverdorbenheit symbolisiert. Als man sie in Rom vergewaltigte hatte, erdolchte sie sich eigenhändig.

Im Schatten der St.-Peter-und-Paul-Kirche steht das **Romantikhotel Tuchmacher** (Peterstraße 8). Dabei handelt es sich um ein beachtliches Baudenkmal mit echtem Vier-Sterne-Komfort. Martin Vits, gebürtiger Wuppertaler, hat das Haus 2005 von seinem Vater übernommen. Dem gehörte es zu DDR-Zeiten. Nach der Enteignung ging er in den Westen, doch die Liebe zu Görlitz blieb. Vater Vits erhielt das Haus nach der Wende von der Treuhand zurück und eröffnete 1998 das Hotel ›Tuchmacher‹. Das Renaissancebürgerhaus des Görlitzer Bürgermeisters und Tuchmacherhändlers Franz Schneider von 1528 blieb stilgerecht erhalten, er selbst guckt als Porträtbüste von der Wand. »Das filigrane Schlingrippengewölbe im Treppenhaus in der ersten Etage hat Baumeister Wendel Roskopf nach dem Vorbild des Wladislawsaals auf der Prager Burg entworfen – einzigartig in Görlitz«, erklärt Martin Vits. »Und in drei Zimmern gibt es noch die originalen Renaissanceholzdecken. Unser schönstes Zimmer ist Nr. 202, da ist die Decke mit Blumenbemalung vollständig erhalten«. Glück gehabt, wenn eines dieser drei Zimmer frei ist: Aus der

Innenhof im Haus Peterstraße 4

Waagerechten vom Bett aus erkunden die Augen jedes noch so kleine Detail, ganz ohne dass man sich den Hals verrenken muss. Auch im Zunftsaal und an der Rezeption blieben bemalte Renaissancedecken aus der Entstehungszeit des Gebäudes erhalten. Küchenchef Thierry Baumgart kommt aus dem Elsässischen, und so findet sich der Elsässische Flammkuchen in friedlicher Koexistenz mit dem Schlesischen Himmelreich auf der Speisekarte. Das ›Schlesische Himmelreich‹ ist eine deftige Hausmannskost aus Schweinefilet und Kasslerscheiben mit gedünstetem Backobst (→ S. 43). Dazu werden Semmelklöße gereicht.

Karpfengrund

Von der Petersstraße führt die Krebsgasse durch den Torbogen am Café Oriental in den pittoresken Karpfengrund mit seiner **historischen Häuserzeile**. Am oberen Ende befindet sich einer der Zugänge zum Nikolaizwinger, unterhalb führt der kurze romantische Bummel zum Nikolaiturm.

Nikolaistraße

Am Fuße des Nikolaiturms lädt das traditionsreiche Gasthaus ›Destille‹ (Nikolaistraße 6) zur Einkehr. Als Attraktion kann in fünf Meter Tiefe ein angeblich **jüdisches Bad** aus dem Mittelalter besichtigt werden (tgl. 12–14 Uhr, alle 20 Minuten). Es handelt sich dabei um ein rechteckiges kleines Becken mit Zu- und Abfluss. Es gab wohl in der Nikolaistraße, aber in einem anderen Haus, eine Judenschule. Auch die ist heute nicht genau örtlich zu bestimmen. Es wird jetzt angenommen, dass die Anlage eine Mikwe gewesen sein könnte, aber eindeutig nachgewiesen ist das nicht.

Nikolaiturm und Umgebung

Wahrscheinlich ist der Nikolaiturm der älteste der drei noch vorhandenen Görlitzer Befestigungstürme. Es wird angenommen, dass er schon vor der ersten großen Stadterweiterung, also vor 1250, hier für Sicherheit sorgte. Die barocke Kuppel mit Laterne ist eine Zutat von 1717, aufgesetzt nach dem großen Stadtbrand. Bis 1747 prangte an der Fassade ein großes, auf Holz gemaltes Kruzifix, weil hier entlang die Trauergesellschaft zum Nikolaifriedhof zog oder die zum Tode Verurteilten auf den Galgenberg geführt wurden.

Das zum Turm gehörende Stadttor wurde um die Mitte des 19. Jahrhunderts abgetragen, seitdem erscheint der Nikolaiturm etwas verloren. Außen ist er nicht herausgeputzt, ganz im Gegensatz zu den anderen beiden Stadttürmen. 1903 verließ der letzte Türmer seinen Arbeitsplatz. Anfang der 1970er Jahre richteten sich die Görlitzer Heimatforscher hier ihr Domizil ein und gestalteten ein kleines **stadtgeschichtliches Museum**, auch die einstige Türmerwohnung ist hübsch hergerichtet.

Der Nikolaiturm

In der Nähe des Nikolaiturms befindet sich der untere Zugang zum **Nikolaizwinger**. Die Anlage ist im Winterhalbjahr geschlossen. Von hier oder entlang des Nikolaigrabens gelangt man zum **Hotherturm**. Heute ist das wehrhafte Gemäuer mit großen Kanonenschießscharten und dreiviertelrundem Grundriss die letzte verbliebene Eckbastion, einst zählte der Verteidigungsring 30 Basteien. Die Bastei markiert auch den Übergang des altstädtischen Gerberviertels an der Neiße (Hother = hoter, abgeleitet vom altniederländischen für Gerber) zum ehemaligen Weberviertel in der Nikolaivorstadt.

St.-Peter-und-Paul-Kirche

Auf einem felsigen Hügel über der Neiße thront die St.-Peter-und-Paul-Kirche. Sie gilt wegen ihrer Größe und Raumwirkung als einer der bedeutendsten spätgotischen Sakralbauten in Ostdeutschland, für die Görlitzer ist sie ›Gottes schönstes Haus an der Neiße‹. Die Kirche wurde im 13. Jahrhundert auf spätromanischen Grundmauern erbaut. Aus jener Zeit stammt das figurenreich verzierte **Westportal**, auch als Brauttor bekannt. Es blieb vermutlich nur erhalten, weil es während des kompletten spätgotischen Neubaus der Kirche behutsam abgenommen und später mit kleinen Ergänzungen wieder eingebaut wurde. St. Peter und Paul war ab 1372 die Görlitzer Hauptkirche. 1423 fand der erwähnte Umbau zur fünfschiffigen Hallenkirche mit Netzrippen- und Sternengewölbe statt. In luftiger Höhe setzen dort seitdem **Schlusssteine** mit Motiven aus der Passion Christi und dem Marienleben farbige Akzente. Vor allem begeistert aber die ästhetische Raumwirkung: Die Weite ist besonders in der Diagonale spürbar, ein scheinbar unüberschaubarer ›Wald‹ aus schlanken weißen Pfeilern breitet sich vor dem Betrachter aus. Genau das war die Absicht der spätgotischen Baumeister. Unter dem Hallenchor versteckt sich die **Unterkirche** mit einem aufregenden Gewölbe (1457), Apostelgruppe (1515), Fresken und Ro-

▲ Karte S. 47

Von Weitem sichtbar: die St.-Peter-und-Paul-Kirche

senfenster. Dem heiligen Georg geweiht, dient sie vor allem zum Abstützen der Hauptkirche, seitdem diese nach Osten zur Neiße hin erweitert wurde. 1525 feierte man hier das erste evangelische Abendmahl in der Oberlausitz, seither ist das Gotteshaus evangelisch-lutherisch geführt. 1691 gelangten einen Brand auslösende Funken durch das ›Himmelsloch‹ ins Kircheninnere und vernichteten 36 Altäre und andere sakrale Schätze. Diese Öffnung befindet sich etwa in der Mitte des Kirchenschiffs und wird von aufgemalten Engeln mit schlanken Flügeln flankiert. Nur das schmiedeeiserne Renaissance-Gitter der **Taufkapelle** (1617) von Meister Hans Mantler und einige Epitaphe überstanden die Katastrophe, von den farbigen Kirchenfenstern blieb nur eines mit dem Motiv ›Christi Geburt‹ erhalten. Die Neuausstattung ist barock geprägt, darunter die goldgeschmückte **Sandsteinkanzel** von 1693 und der marmorierte **Alabaster-Altar** aus dem Jahr 1694 vom Dresdner Meister George Heermann. Das **Altargemälde** zeigt die Himmelfahrtsszene, unter Christi stehen Tuchhändler, die Görlitz zu Reichtum verhalfen. Auf der Predella ist Christi Grablegung zu sehen. Die drei Figuren auf dem Altaraufsatz symbolisieren Glaube, Liebe und Hoffnung. Schön anzusehen sind auch drei kunstvolle evangelischen **Beichtstühle**.

Erst 1890 setzte man der Kirche ihre neugotischen **Türme** auf. Eine **Aussichtsplattform** befindet sich zwischen ihnen.

■ Waidhaus

Das Waidhaus neben der St.-Peter-und-Paul-Kirche ist der älteste Profanbau in Görlitz, es wurde um 1400 erbaut. Teile der Bausubstanz reichen sogar bis in die vorgotische Epoche zurück. Bemerkenswert sind die rundlichen **Stufengiebel**, die allerdings erst 1936 dem Vorbild auf

Auffällige Eckquader am Waidhaus

einem historischen Holzschnitt nachempfunden wurden. Die farbigen **Eckquader** sind eine Zutat der Renaissance.

Im Waidhaus wohnte der Bürgermeister, hier wurden Getreide und vor allem Färberwaid gestapelt. Aus der Pflanze Waid konnte man einen blauen Farbstoff zum Färben von Tuchen herstellen. Die Prozedur klingt aus heutiger Perspektive abenteuerlich. Damit sich aus Waid die begehrten Substanzen lösten, mussten es die Färbergesellen mit Urin vergären. Zuvor tranken sie obergäriges Bier, weil der Ammoniak den Prozess unterstützte. Vor der Ablösung durch das billigere Indigo war Färberwaid einer der wirtschaftlich bedeutsamsten Farbstoffe überhaupt und für die Görlitzer Besitzer Quell ihres Wohlstandes. Aus der mittelalterlichen Technologie blieb die Redewendung ›Blaumachen‹ bis in unsere Tage erhalten. Samstags wurde gefärbt, über den Sonntag wurden die Stoffe aufgespannt oder auf Bleichwiesen ausgebreitet, um so hoffentlich Montag ein schönes gleichmäßiges Blau nach dem Trocknen zu erreichen.

Stadtspaziergänge

Zwischen 1447 und 1530 diente das Gebäude auch als Schule, an einen zwischenzeitlichen Brand im Jahr 1479 erinnert eine Inschrift am Nordgiebel: ›Nil actum creades, cum quid restabit agendum 1479‹ (Glaube nichts getan zu haben, wenn noch etwas zu tun übrig ist). Ab 1897 besaß Görlitz eine Berufsfeuerfehr, die anfangs im Waidhaus ihren Dienstsitz hatte. 1910 zog sie dann in den markanten Neubau in die Krölstraße, wo man sie noch heute findet. Seit 1995 üben im Waidhaus Handwerker - Lackierer, Maler, Steinmetze, Stuckateure, Tischler und Zimmerer - in einer ›Lehrwerkstatt für Profis‹ historische Restaurierungskünste. Am Eingang sieht man eine Gedenktafel für Prof. Dr. Gottfried Kiesow (1931–2011), der sich besondere Verdienste um Görlitz erwarb.

■ Rund um die Peter-und-Paul-Kirche

Hinter dem Chor der St.-Peter-und-Paul-Kirche befindet sich ein merkwürdiger, in die Hangstützmauer eingelassener steinerner Ausguck. Der Volksmund spricht vom **Jungfernsprung**, weil hier 1741 ein Mädchen den Freitod wählte. Andere behaupten, es handle sich um das Observatorium Sculteti: Batholomäus Scultetus soll das Häuschen zum Beobachten des Firmaments genutzt haben. Es kann sich auch um ein Wächterhäuschen handeln. Noch immer besitzt es zwei anmutige kleine Schmuckgiebel aus der Renaissancezeit.

Unterhalb der St.-Peter-und-Paul-Kirche lädt das östlichste Restaurant Deutschlands ein. In der **Vierradenmühle** ermöglicht ein Glasboden den Blick auf die umweltfreundliche Technik des kleinen Wasserkraftwerkes (Leistung: ca. 1000 MWh/Jahr). Auf der Sonnenterrasse über der Neiße genießt man einen Postkartenblick auf das herrliche Gotteshaus, die Altstadtbrücke und das Neißeufer in Zgorzelec. Die Vierradenmühle war eine von drei Görlitzer Getreidemühlen, außerdem nutzten sie Tuchmacher und Gerber als Walkmühle. Sie besaß vier Wasserräder (Raden), die früher im Graben zwischen Ufervorbau und der befestigten winzigen Neißeinsel am Wehr klapperten, und kam so zu ihrem Namen.

Die moderne **Altstadtbrücke** schlägt den Bogen von der Vierradenmühle zur Dreiradenmühle mit Restaurant (Piwnica Staromiejska) am polnischen Neißeufer. Die Brücke ist heute Fußgängern und Radlern vorbehalten, früher befand sich hier eine Furt der mittelalterlichen Handelsstraße ›via regia‹.

Die Görlitzer **Zwingeranlagen** mit Ochsenzwinger schräg gegenüber der Altstadtbrücke sowie dem Nikolaizwinger, nördlich der St.-Peter-und-Paul-Kirche, sind ein erhaltener Rest der ehemaligen Stadtbefestigung. Im Ochsenzwinger wurden 1962/63 Blumenbeete im Barockstil angelegt (April–Mitte Sept. tgl. 8–21 Uhr).

Blick über die Vierraden- zur Dreiradenmühle und auf die Altstadtbrücke

▶ Karte S. 47

Die Sonnenorgel

Für eine neue Orgel in der St.-Peter-und-Paul-Kirche begaben sich Görlitzer Abgesandte nach Südtirol, denn hier lebte der bekannte Meister Casparini. Er wurde als Johann Eugen Caspar in die Orgelbauerfamilie Caspar im Lausitzer Städtchen Sorau (heute Żary) hineingeboren. Nach dem Ende seiner Ausbildung begann der Dreißigjährige Krieg, und in dieser Zeit verlangte niemand in den von den Auseinandersetzungen betroffenen Gebieten nach neuen Instrumenten. Und so zog Caspar als 16-Jähriger nach Italien, war bald ein berühmter Mann und gab sich den verkaufsfördernden Künstlernamen Eugenio Casparini. Als ihm die Görlitzer ihren Wunsch vortrugen, war der Meister bereits 73 Jahre. Er sagte dennoch zu, zum Ende seines Lebens wollte er in der alten Heimat eine Orgel bauen, wie sie die Welt noch nicht gesehen hatte. 1703 war sie fertiggestellt.

Der beeindruckende und namensgebende Orgelprospekt ist das Werk des Görlitzer Bildhauers Johann Conrad Buchau. Er wird von 17 Kreisen mit goldenen Punkten gebildet, den ›Sonnen‹. Die Pfeifen der Pedalmixtur sind strahlenförmig um goldene Sonnengesichter angeordnet. Johann Sebastian Bach äußerte sich allerdings abfällig über Casparinis Spätwerk: »Eine Pferdeorgel, es wird roßmäßige Kraft gebraucht, sie zu spielen«.

Über 200 Jahre erfreuten sich die Görlitzer am Spiel ihrer Sonnenorgel, aber in den 1920er Jahren war das Orgelwerk so störanfällig, dass sich die Kirchengemeinde ein elektropneumatisches Instrument der Firma Sauer einbauen ließ. Das hielt gerade mal ein halbes Jahrhundert. Man entschied sich, Casparinis Werk und den historischen Prospekt wiederzubeleben. Bis Anfang 1990 waren für diesen Zweck 450 000 DDR-Mark gesammelt worden, nach der Währungsunion erhöhte sich der Kostenvoranschlag auf drei Millionen DM. 1995 war die Spendensumme auf anderthalb Millionen D-Mark angestiegen und der Bauauftrag konnte ausgelöst werden. Die Schweizer Mathis Orgelbau AG leistete Präzisionsarbeit. Die Orgel verdankt ihre Klangfülle und -vielfalt exakt 6085 Pfeifen, 89 Registern, vier Manual- und zwei Pedalklaviaturen. Außergewöhnlich sind die eingebauten barocken Spielzüge, die unter anderem Vogelstimmen und Zimbelstern erklingen lassen. Und so geben hier mitunter Nachtigall und Kuckuck ein gemeinsames harmonisches Konzert, wie es in der Natur so nicht vorkommt. Der Zimbelstern ist eine kleine goldene Sonne mit Gesicht, die sich beim Spielen sichtbar dreht und wohlklingende Hammerschläge ertönen lässt. Als i-Tüpfelchen bekam die Orgel im letzten Bauabschnitt noch ein Schwellwerk mit 23 Registern und 1700 Orgelpfeifen. Organisten können hier jetzt alle Werke von der Spätromantik bis zur Neuzeit in voller Klangfülle aufführen. Ein einziges Register aus Casparinis Hand hat alle Stürme der Zeit bis heute überstanden, diese ›Onda maris‹ gleicht einer Meereswoge mit einem schwebenden, wellenartigen Klang.

Eine in der Kirche erhältliche DVD zeichnet auf über 170 abwechslungsreich zusammengestellten Seiten ein Portrait dieses großartigen Instrumentes. Zu ›orgel punkt 12‹ erklingt von April bis Oktober dienstags und donnerstags sowie ganzjährig sonntags nach dem Gottesdienst um 12 Uhr die Sonnenorgel, angereichert von Informationen zwischen den Musikstücken. Eine Dreiviertelstunde sollte man für dieses Klangerlebnis einplanen.

Nikolaivorstadt

Hier fing alles an: Die Nikolaivorstadt gilt als das Samenkorn für das Wachstum von Görlitz. Romantische Gassen führen hindurch, drei kulturgeschichtlich herausragende Grabstätten gehören ebenso zum Stadtteil.

Von der St.-Peter-und-Paul-Kirche führt ein **Kreuzweg** mit 14 Stationen über Nikolaistraße, Lunitz und Heilige-Grab-Straße zum Heiligen Grab.

In der Straße Lunitz schmückt eine farbige **Frauenplastik** die ansonsten kahle Hauswand. Dazu bemerkt der Historiker und Stadtarchivar Richard Jecht: »Lunitz 7, an einem Barockhaus, findet sich ein Bild, die heilige Dorothea darstellend, nicht Elisabeth; entscheidend ist die Krone, die Elisabeth trägt stets ein Kopftuch«. Mehr ist dazu nicht vermerkt. Die Figur ist wohl als Hausheilige zu verstehen, wie das in der Görlitzer Region – etwa in Ostritz – öfters vorkommt. In

Ein Unikum in Görlitz: die Hausheilige in der Lunitz

▲ Karte S. 84

Görlitz sind alle anderen Hausheiligenfiguren vermutlich in der Reformationszeit verschwunden, denn Görlitz war dann rein evangelisch, es gab keine einzige katholische Kirche mehr in der Stadt. Der Straßenname Lunitz ist vom dazugehörigen gleichnamigen Bächlein abgeleitet, das man hier in der ersten Hälfte des 19. Jahrhunderts unter das Straßenpflaster verbannte.

■ Nikolaikirche

Seit ungefähr 1100 befand sich an Stelle der heutigen Nikolaikirche ein Vorgängerbau. Er war, bevor St. Peter und Paul Kirche diesen Status erhielt, die Görlitzer Hauptpfarrkirche. Die Nikolakirche wuchs auf den alten Fundamenten ab 1452. Die Arbeiten ruhten zwischendurch jedoch über ein halbes Jahrhundert, da die Görlitzer den Aufbau der St.-Peter-und-Paul-Kirche als vorrangig erachteten. Ab 1516 zog man Wendel Roskopf zu Rate, allerdings leistete sich der Meister hier einen Fauxpas, denn das unter seiner Regie errichtete Dach erwies sich als nicht tragfähig. Der Schaden wurde erst sechs Jahrzehnte später behoben. Die Kirche wurde zwischendurch für Beerdigungsfeiern genutzt, 1642 und 1717 brannte sie. Seit Mitte der 1920er Jahre dient sie als Gedächtniskirche für die Gefallenen des Ersten Weltkrieges im expressionistischen Stil. Heute werden Wechselausstellungen gezeigt. Bemerkenswert ist die wunderbare Akustik, die Besucher bereits bei lautem Sprechen bemerken.

■ Nikolaifriedhof

Der Nikolaifriedhof gleich bei der Nikolaikirche wurde erstmals 1305 urkundlich erwähnt. Auf dem Wiesenhang unter alten Laubbäumen haben etwa 600 Grabmale bis heute überdauert. Die ältesten

Steine aus der Gotik- und Renaissanceepoche jedoch verwendeten die Görlitzer zum Ausbessern ihrer Stadtmauer, insbesondere während der Gefahr der Hussitenstürme und im Dreißigjährigen Krieg. Aber der Friedhof gehört zu den romantischsten in Deutschland, denn auch die später angelegten Gräber sind meist kunstvoll geschmückt. Mitte des 17. Jahrhunderts kam es groß in Mode, **Grufthäuser** als Erbbegräbnisse zu besitzen. Wegen der hohen Kosten kam ein solcher barocker Prachtbau aber nur für die reichsten Görlitzer in Frage. Leider hat der Zahn der Zeit sehr an den Gebäuden genagt, von den einst reichen Malerei- und Stuckarbeiten ist nicht viel geblieben. Aber man sieht noch schöne **Epitaphe** und vor allem kunstfertig gearbeitete schmiedeeiserne **Ziergitter**.

Auf dem Friedhof ruht auch der Philosoph Jacob Böhme (1575–1624). Sein Grab ist ausgeschildert, davor befindet sich eine steinerne Sitzbank. Allerdings ist es eine modernisierte Grablege aus den 1920er Jahren, denn schon kurz nach der Beerdigung Böhmes schändeten politische Widersacher das Grabkreuz.

■ Städtischer Friedhof

Etwas oberhalb des Nikolaifriedhofs liegt der weitläufige Städtische Friedhof. 1847 wurde der Nikolaifriedhof geschlossen. Ein Bummel durch die parkartige Anlage ist wie ein Gang durch die Stadtgeschichte der letzten anderthalb Jahrhunderte.

Bürgermeister Gottlob Demiani fand auf dem neuen Friedhof als erster seine letzte Ruhestätte, der große quadratische Gedenkstein für den verdienstvollen Stadtvater ist erhalten geblieben. Überhaupt sind hier viele Görlitzer Persönlichkeiten begraben, darunter mehrere Bürgermeister, viele Geschäftsleute und Industrielle sowie Künstler.

Der romantische Nikolaifriedhof

Mit dem Neubau des **Krematoriums** auf dem Ölberg 1911 wuchs hier der gärtnerisch gestaltete **Urnenhain** mit vielen künstlerisch-anspruchsvollen Grabstätten, so Nr. 26: Die Familie Mattke – ehemals Süßwarenfabrik Mattke & Sydow – leistete sich Extravagantes. Man sieht einen sitzenden Jüngling, der Kopf ist in Trauer verharrend gesenkt. Die Arbeit ist aus Muschelkalkstein. Nr. 31: Hier liegt der Maler, Grafiker und Schriftsteller Johannes Wüsten (1896–1943, → S. 50) begraben, man findet ein imposantes Metallkreuz und eine Grabplatte aus Granit. Nr. 33: Minna Herzlieb (1789–1865) war eine Freundin Goethes, man vermutet, dass sie ihn zur Figur der Ottilie in den ›Wahlverwandtschaften‹ inspirierte. Sie verstarb in der hiesigen Reimerschen Nervenheilanstalt, die Gestaltung des Grabes übernahm die Goethe-Gesellschaft. Nr. 46: Rudolf Pawlikowski (1868–1942) erfand 1916 in Görlitz den Kohlenstaubmotor. Sein Grabmal ist ein quadratischer Granit, den das Familienwappen schmückt. Weitere sehenswerte Gräber sind hier aufgelistet: www.goerlitz.de/images/stadtverwaltung/Parkanlagen/friedhof_personen.pdf.

Finstertorstraße und Rothenburger Straße

Geht man um die Friedhofsmauer an der Nikolaikirche außen herum, links die Finstertorstraße entlang, kommt man zum **Finstertor**. Dieses Stadttor der Nikolaivorstadt besaß ein Fallgitter. Die Nikolaivorstadt war zwar auch befestigt, aber als nicht sehr wehrhafte Fachwerkkonstruktion. Das Finstertor ist das letzte Relikt davon.

Gleich dahinter steht rechts das einstige **Scharfrichterhaus** mit einem hübschen Fachwerkgiebel im fränkischen Stil, es ist das einzige erhaltene Görlitzer Fachwerkhaus. Seit dem Ende des 16. Jahrhunderts ist hier der Wohnsitz des Stadthenkers dokumentiert. Eine Sandsteintafel an der Hoffassade erinnert mit einem Schwert und der Inschrift an den Scharfrichter Lorenz Straßburger: »Im Jahre Christi A 1676 LxSxB«. Kein Bürger wollte in seiner unmittelbaren Nähe leben, daher steht sein Haus außerhalb der Befestigungsanlagen. Heute hat hier die Jugendbauhütte Görlitz der Deutschen Stiftung Denkmalschutz ihr Domizil. Der Weg führt weiter zum ehemaligen Galgenberg, wo bis in die Mitte des 19. Jahrhunderts Hinrichtungen stattfanden.

Parallel zur Finstertorstraße verläuft die Rothenburger Straße. Einst hieß sie Galgengasse, auch sie führte zum Galgenberg. Ab 1477 brach am nahen Neißeufer das Goldfieber aus. Über 100 Meter tief gruben sich die Arbeiter in den anstehenden Grauwackeschiefer, gefunden wurde aber nie etwas.

Spielzeugmuseum Görlitz

Das Spielzeugmuseum Görlitz (Rothenburger Straße 7) mit seiner Sammlung historischer Spielsachen entzückt große und kleine Besucher. Es geht auf eine private Initiative zurück und wurde 1998 gegründet. Nach einem Umbau 1904 befand sich in dem Haus eine Bäckerei. Im historischen Verkaufsraum, heute der Eingangs- und Kassenbereich, sind die schönen Zierkacheln von Villeroy & Boch aus dieser Zeit noch erhalten.

Heute begrüßen uns hier Pittiplatsch, Schnatterinchen, Bummi, Moppi, Herr Fuchs und Frau Elster, Borstel, Herr Uhu, Flax und Krümel mit Struppi, Plumps und dem Küken. Das Sandmännchen begleitet den Besucher durch mehrere Räume. Dieser sympathische Traumbote erblickte am 22. November 1959 um 19.25 Uhr das Licht der (Fernseh-) Welt. Sein geistiger Vater war der Puppenmacher Gerhard Behrendt. Er ersann den liebenswerten bärtigen Wicht innerhalb von 14 Tagen aus Knetmasse. Der Eilauftrag kam von der SED direkt, denn auch der Klassenfeind plante einen Sandmann. Im Unterschied zu DDR-Bürgern durfte das Sandmännchen ab 1959 zwar kreuz und quer um die Welt reisen, aber nur in Länder, in denen vorher bereits führende Vertreter der DDR zu Gast gewesen waren. Das vorlaute Kerlchen Pittiplatsch faszinierte selbst DDR-Staatsratsvorsitzenden Walter Ulbricht. 1964 gab das Postministerium eine 15-Pfennig-Briefmarke mit seinem Abbild heraus. Pittiplatsch der Liebe war ein ostdeutscher Medienstar, seine Geschichten füllten über 50 Bücher und wurden auf zwölf Pitti-Schallplatten vertont.

Überraschend ist die Anzahl der in Vitrinen versammelten Spielfiguren. Besonders die Indianer-Miniaturen waren beliebt. In bruchanfälliger Masse wurden bis Anfang der 1960er Jahre etwa 400 Varianten hergestellt, in Gummiausführung nur noch 140. Auch die kleinen Tiere in den Maßstäben 1:25 und 1:32 waren sehr beliebt. Zu den heute unter Sammlern begehrten Stücken, da diese nur in kleinen Zahlen gefertigt wurden, zählen Rentier und Elchfamilie. In Kunststoffausführung kamen 60 Sortimente in die Spielzeugläden der DDR.

Besonders stolz ist der Museumsverein auf die vier Quadratmeter umfassende Miniaturlandschaft, eine Einzelanfertigung des Dresdener Modellbauers Wolfram Fiedler. Sie wird von Seiffener Miniaturspielzeug belebt, das zwischen 1950 und 1985 hergestellt wurde. Neben dem Erzgebirge, wo die Spielzeugindustrie auch heute boomt, waren früher auch das Berchtesgadener Land und Thüringen für die Produktion von Spielzeugwaren bekannt. Ein beliebtes und außerhalb der Oberlausitz kurios erscheinendes Hochzeits- bzw. Scherzgeschenk ist der hier ausgestellte hölzerne Storchenreiter, der Wickelkinder im Schnabel trägt und über den Flügeln angebunden hat. Weitere Babys purzeln heraus, wenn man das Hinterteil abdreht. Bei der großen Figur

Schmuckstücke des Spielzeugmuseums

eines sächsischen Bergmanns in festlicher Uniform sind nicht nur die Kleider original, auch die Gesichtszüge sind nach dem des Trägers aus dem Erzgebirge geschnitzt worden.

Heiliges Grab

Das Heilige Grab ist der älteste allegorische Landschaftsgarten in Deutschland. Seine Anlage geht auf eine nicht standesgemäße Liebschaft zurück. 1464 schwängerte der Ratsherrensohn Georg Emmerich die Tochter der verfeindeten Familie Horschel, Vater Emmerich versagte seinem Sohn die Heirat und schickte ihn auf Pilgerfahrt nach Jerusalem. Georg brachte exakte Pläne des Heiligen Grabes mit und stiftete als Dank für die glückliche Heimkehr eine Kopie im maurischen Stil. 1465 war der Bau der Heilig-Kreuz-Kirche vom Görlitzer Rat abgesegnet worden; bis dahin befand sich an diesem Ort ein Wegkreuz. Vom ausgehenden Mittelalter bis zum Hochbarock war es Christen stets ein Bedürfnis, biblisches Geschehen nachzuerleben. Vielerorts in Europa gestalteten die Gläubigen Nachbildungen der Heiligen Stätten. Im Unterschied zu anderen ähnlichen Stätten ist der Görlitzer Kopie die getreue Einbindung in die Landschaft gelungen, der man symbolhaft die Jerusalemer Merkmale zuordnete.

Die **Doppelkapelle zum Heiligen Kreuz** zeigt vielfache allegorische Gleichnisse auf die Passionsgeschichte. Unten liegt die Adamskapelle, die das Grab Adams zu Füßen des Gekreuzigten darstellt. Darüber befindet sich die lichtdurchflutete Golgathakapelle mit einem kunstfertigen Gewölbe aus der Hand des Meisters Conrad Pflüger, der hier in Miniatur die Formen der weltberühmten St. Barbarakirche in Kuttenberg (heute Kutná Hora in Tschechien, UNESCO-Weltkulturerbe) aufgriff. In der Fußbodenschwelle sind drei runde Löcher zu sehen – das mittige mit Blutrinne –, symbolhaft für die drei Kreuze in Golgatha. In der östlichen Rückwand zeigt sich ein heftiger Mauerriss. Auch er ist künstlich und soll Zeuge sein für die angeblichen Erdstöße, die auftraten, als Christus am Kreuz verstarb. Von

Das Heilige Grab mit Salbhaus

▶ Karte S. 84

Künstlicher Mauerriss in der Doppelkapelle

außen betrachtet, zeigt sich die Kreuzkapelle mit einem markanten speerspitzengleichen Dachreiter.

Im nahen **Salbhaus** befindet sich hinter einem barocken Schmiedegitter die aus Sandstein gefertigte Darstellung ›Die Beweinung Christi‹ des Bildhauers Hans Olmützer. Der Bau der **Grabkapelle** im maurisch-romanischen Stil ist von Georg Emmerich vollständig aus eigener Tasche bezahlt worden. Früher legten hier die Gläubigen zu Ostern eine Holzfigur des verstorbenen Christus zu Grabe. Drei große Steine deuten die bei der Auferstehung zersprungenen Grabplatten an. Einst kamen die Gläubigen sogar bis aus Österreich nach Görlitz, um die Passion Christi nachzuempfinden. Dieser Brauch fand mit der Reformation sein Ende.

Im Jahr 1555 beschädigte ein erster Brand das Heilige Grab in Jerusalem, 1808 ein weiterer. Es wurde jeweils im Zeitgeschmack erneuert. Die Görlitzer Anlage, zwischen 1481 und 1504 errichtet, behielt jedoch ihr Aussehen. Somit ist sie 300 Jahre älter und authentischer als diejenige im Nahen Osten. Zwar zählt man hierzulande weitere 15 Kopien, doch ist die Görlitzer Grabkapelle das unbestrittene Prunkstück.

Der außerhalb der umzäunten Anlage befindliche **Landschaftsgarten** ist frei zugänglich, so das Tal des Baches Kidron und die Jüngerwiese, dahinter erhebt sich der Ölberg mit Garten. Dem Bach Lunitz, der durch das Tal zwischen Heiligem Grab und Ölberg fließt, wurde die Ehre zuteil, hier als Kidron zu gelten. Auf der Jüngerwiese wachsen heute viele junge Apfelbäumchen heran. Im Mittelalter pflanzte man auf dem Ölberg eine Weide als Ölbaum – heute steht hier ein stattlicher Spitzahorn, der in der abendlichen Oktobersonne in Goldtönen erstrahlt. 1913 errichtete man auf dem Gipfel des Ölberges ein **Krematorium** im Jugendstil. Es wurde später um einen modernen Anbau ergänzt und ist nach wie vor in Betrieb.

Der Eingang zum Heiligen Grab befindet sich gegenüber der Straßenbahnhaltestelle ›Heiliges Grab‹ in der Heilige-Grab-Straße.

Der Ölbaum am Ölberg

Nördliche Innenstadt

Dieser Teil von Görlitz entwickelte sich, als die Altstadt anfing, aus allen Nähten zu platzen. Hier findet sich vor allem prächtige Gründerzeitarchitektur vom Feinsten, die die damalige wirtschaftliche Blüte bis heute widerspiegelt.

Zwischen Bahnhof und Demianiplatz

Besucher, die zum ersten Mal nach Görlitz kommen, sind vielleicht etwas enttäuscht, wenn sie aus dem Bahnhofsgebäude treten und auf der Berliner Straße der Altstadt zustreben, denn im oberen Teil warten noch viele Gebäude auf eine dringend notwendige Sanierung. Ein zweiter Blick aber offenbart auch in diesem Viertel eine große Anzahl an wunderbaren Architekturdenkmälern.

■ Bahnhof

Bis zum Zweiten Weltkrieg war Görlitz ein wichtiger Knotenpunkt im deutschen und europäischen Fernverkehr. Davon zeugt noch heute das auch in architekturhistorischer Hinsicht sehr interessante Bahnhofsensemble.

In der imposanten Bahnhofshalle

▲ Karte S. 89

Das palastartige **Empfangsgebäude** des Bahnhofs mit einem Tonnengewölbe und den beiden kleineren Seitenhallen planten der Architekt Alexander Rüdell und Regierungsbaumeister Gotthard Eckert. Die Haupthalle wurde 1917 eröffnet und erfüllt nach wie vor alle Erfordernisse der Reisenden. Reichlich Tageslicht fällt durch jeweils fünf große schmale Fenster auf der Nord- und Südseite. Eine grundlegende Restaurierung der Empfangshalle fand 1985 statt. Die Leitung der Restaurierungsarbeiten hatte der Stadtbildpfleger Peter Mitsching inne, die denkmalpflegerische Zielstellung, die Grundlage der 1984 erfolgten Unterschutzstellung war, erarbeitete der Architekt Udo Frenschkowski. Bei den Untersuchungen wurde unter den Werbeflächen oberhalb des gefliesten Erdgeschossbereiches der nahezu unbeschädigte Ornamentfries entdeckt und freigelegt. Dieser wichtige Befund war Anlass, über eine Rekonstruktion der Ausmalung nachzudenken. Eine aufgefundene Postkarte aus der Erbauungszeit zeigte etwas mehr als die Hälfte der Halle. Dieses Dokument war die Grundlage für die detailgetreue Rekonstruktion der gesamten Ausmalung. Unter der fachlichen Betreuung der PGH (Produktionsgenossenschaft des Handwerks) ›Der Maler‹ Görlitz wurden Malerlehrlinge eingesetzt. Mittels Schabloniertechnik konnte ein Großteil der Bemalung realisiert werden. Hingucker sind die ebenfalls 1985 nach historischem Vorbild gefertigte große achteckige Bahnhofsuhr und die Stadtwappen des Oberlausitzer Sechsstädtebundes in den Hallenfenstern. Die Restaurierung fand damals große Beachtung und wurde als besondere denkmalpflegerische Leistung anerkannt. Die zwei schönen Messingkronleuchter und die Leuchten in den Seitenhallen

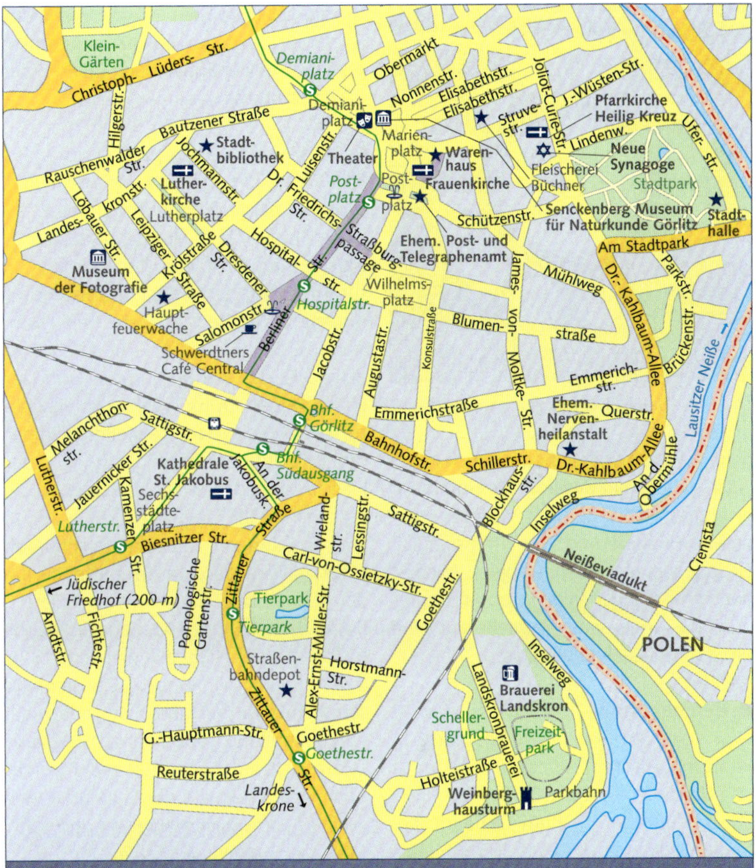

Nördliche Innenstadt und Südstadt

wurden in den 1990er Jahren von der GALA Leuchtenbau Görlitz nach historischen Vorlagen neu gefertigt und eingebaut. Beachtenswert sind auch der zu großen Teilen erhaltene originale Fliesenboden der Halle und die von einer Breslauer Firma gefertigten blauen Wandfliesen des Erdgeschossbereiches. Das Tonnengewölbe der Empfangshalle ist übrigens eine Rabitzkonstruktion: Auf eine tragende Unterkonstruktion aus Metall wird eine Zement-Gips-Putzschale beidseitig aufgetragen. Die Schale wird an zahlreichen Stahldrähten an der Dachstuhlkonstruktion oder an einem Tragwerk angehängt. Diese Bauweise, die übrigens auch die Kuppel der Görlitzer Synagoge aufweist, wurde von dem Berliner Maurermeister Carl Rabitz entwickelt und 1878 zum Patent angemeldet. Sie ermöglicht eine Überspannung großer Bereiche mit geringeren Baulasten, als es ein traditionelles Gewölbe erfordern würde.

Den Görlitzer Bahnhof gibt es in Deutschland sogar zwei Mal, denn der Weimarer

Detail an der Decke der Bahnhofshalle

Bahnhof ist sowohl außen als auch in der Halle nahezu ein Zwilling des Görlitzers. Er wurde in der Zeit der Weimarer Republik errichtet und war offensichtlich ein Wiederverwendungsprojekt. Auch ist der Architekt des Weimarer Bahnhofes nicht bekannt, was ebenfalls auf eine Projektkopie schließen lässt.

Berliner Straße

Wer vom Bahnhof zum Postplatz in Richtung Altstadt schlendert, kommt an **Schwerdtners Café Central** (Berliner Str. 51) vorüber. In dem Gebäude befanden sich von 1891 bis 1990 nacheinander die beliebten Cafés ›Hohenzollern‹, ›Fledermaus‹ und ›Central‹, in die die Görlitzer gern zum Tanzen gingen.
An diese tolle Zeit erinnert heute der **Brunnen Die Tanzende** auf dem kleinen Platz Berliner Straße/Ecke Salomonstraße. Das liebreizende Mädchen tanzt verträumt auf einem Tischchen. Hübsch sind auch die Details aus dem Caféhausbetrieb anzuschauen: Auf dem stehengelassenen Gedeck ist eine Fliege gelandet, Fächer, Geige und Hütchen sind Anspielungen aufs historische Ambiente. Der Mops auf dem Stuhl wird nassgespritzt, wenn man den anderen Wasserstrahl abdrückt. Der Brunnen ist das Werk des Dresdner Künstlers Vinzenz Wanitschke, der kurz vor der Einweihung im Frühjahr 2012 verstarb.

▲ Karte S. 89

Museum der Fotografie

Nicht weit vom Bahnhof entfernt ist das Museum der Fotografie beheimatet (Löbauer Straße 7). Im Hof des Mietshauses befand sich einst das ›Centralmagazin für Photographenbedarf und Fabrik für photographische Apparate und Utensilien, Ernst Herbst & Firl‹, später der erste Sitz der weltberühmten Görlitzer Firma Meyer-Optik. Weltweit einzigartig ist das hiesige traute Stelldichein der drei Erfinder der Lichtbildtechnik an der Hausfassade, dargestellt als **Büsten**: Louis Jacques Mandé Daguerre (1787–1851) war es gelungen, die durch Lichteinfall einer camera obscura erschaffenen Bilder schnell und dauerhaft zu fixieren. Dabei leistete ihm Niecephore Nièpce (1765–1833) Hilfestellung, dem 1826 das erste Lichtbild glückte. Das gemeinsam ertüftelte Verfahren der automatischen Abbildung auf einer Kupferplatte setzte sich am Ende aber nicht durch. Allen Ruhm heimste der Engländer Wil-

›Die Tanzende‹

liam Henry Fox Talbot (1800–1877) ein, der das kostengünstigere Negativ-Positiv-Papier-Verfahren erfand, das die Vervielfältigung eines fotografischen Bildes durch Abzüge vom Negativ ermöglichte. Eine Vitrine im Museum ist der Hobbyfotografie gewidmet. Jeder ostdeutsche Fotofreund ab einem Alter von 40 Jahren kennt ihren Namen oder hat sie selbst in der Hand gehalten: Die billige Einsteigerkamera Pouva Start oder das technisch und preislich anspruchsvollere Modell Penti. Anfang der 1950er Jahre entschied der DDR-Staatsrat, dass die Bürger keine Mittelformatkameras benötigten, sondern sich mit dem Kleinbild begnügen sollten. Seitdem und bis zur Wende wurden in Görlitz ausschließlich Kamera-Kleinbildobjektive sowie Objektive für Kino- und Diaprojektoren gefertigt. Nach dem Auslaufen des Markenschutzes für den Namen Meyer-Optik hat 2012 ein Unternehmen aus Konstanz die Rechte aufgekauft und vertreibt wieder Objektive unter diesem traditionsreichen Qualitätslabel.

Der kleinste hier ausgestellte Fotoapparat ist eine Minolta ›KB Japan‹ aus dem Jahr 1960, der größte eine ›Globus Reprokamera‹ aus den Produktionsjahren 1899 bis 1903. Das riesige Gerät besteht nur aus Görlitzer Bauteilen, unter anderem einem Meyer-Objektiv, und wurde an Ort und Stelle zusammengefügt. Man nutzte diese Kamera etwa zum Vervielfältigen von technischen Zeichnungen. Ein Hamburger Verlag hat den fotografischen Riesen einst benutzt und später auf dem Dachboden einlagern lassen. Mitarbeiter hatten von der Eröffnung des Görlitzer Fotomuseums gehört und das heute seltene Gerät nur gegen Begleichung der Frachtkosten verschenkt. Kurios aus heutiger Sicht erscheint vor allem der sogenannte Beutelblitz für eine offene Blitzlampe mit Zündschnur.

Perfekte Symbiose von Ästhetik und Funktionalität: die Feuerwache

Als Weiterentwicklung sind zahlreiche Blitzlampen zu sehen, die nur für eine Aufnahme zu verwenden waren.

Hauptfeuerwache

An der Krölstraße 26, gegenüber der Einmündung der Löbauer Straße, befindet sich die aus Klinkerziegeln erbaute, herausgeputzte Hauptfeuerwache (1909/10). Zu den bemerkenswerten Details zählen die kleine Säule mit der mehrfachen Aufschrift ›Feuerwache‹, schöne Lampen sowie die Ein- und Durchfahrten in auffälliger weiß-roter Farbgebung. Noch heute ist die Feuerwache ein Paradebeispiel für die zu jener Zeit hohen Ansprüche der Stadtväter an Funktionsbauten hinsichtlich deren Ästhetik und Langlebigkeit.

Lutherkirche

Auf dem Drachenfels – die so benannte sanfte Anhöhe erscheint tatsächlich nur wie ein großer Maulwurfshügel inmitten des innerstädtischen Gründerzeitviertels – erhebt sich die monumentale Lutherkirche. Sie wuchs von 1898 bis 1901 aus roten Backsteinen als neoromanischer Zentralbau auf einem kreuzförmigen Grundriss und war der evangelische Kirchenneubau der Stadt nach der Reformation. Stilistisch ist die Kirche an die Kaiserdome am Rhein angelehnt. Auch das Innere offenbart Backstein, das Deckengewölbe, dessen Rippen, Altarraum und Fenster sind jedoch mit hübschen **Ornamentbändern** geschmückt, auf denen Eichen- und Weinlaub, Palmenwedel, Efeu und Sonnenblumen zu sehen sind. Der Altar besteht aus Terrakotta mit Reliefs aus Kalkstein. Man sieht das Heilige Abendmahl und Christus am Kreuz mit zwei Engeln zu seinen Füßen. Die kleinen Gottesboten sitzen dort stellvertretend für die trauernde Christenheit. Im Chorraum begegnet der Besucher auch den vier Evangelisten. Der große Kronleuchter hat einen Durchmesser von fünf Metern. An der Orgelempore sieht man zwei Wandgemälde: Luther auf dem Reichstag in Worms und Luther, wie er die Bannandrohungsbulle dem Feuer übergibt. Der Dresdner Maler Oskar Popp schuf die Gemälde 1906.

Vor dem Hauptportal steht ein **Luther-Denkmal**. Das Original von 1904, das nach einem Entwurf des Künstlers Ernst Rietschel entstand, war das erste Lutherdenkmal in Schlesien überhaupt. Der Bronzeguss überstand den Rohstoffhunger der Rüstungsindustrie im Ersten Weltkrieg, aber nicht den Zweiten Weltkrieg. Anfang der 1980er Jahre sorgte die Kirchengemeinde für einen Zweitguss.

■ Stadtbibliothek

▶ Karte S. 89

In der Jochmannstraße, gegenüber der Lutherkirche, ist die Stadtbibliothek zu finden. 1874 unterzeichneten prominente Görlitzer einen ›Aufruf zur Errichtung einer Volksbibliothek‹. Bald danach gab es in der Stadt eine vereinsgeführte Bücherei. Sie zählte zu den ersten Bauten der sogenannten Bücherhallenbewegung, die die Entwicklung öffentlicher Bibliotheken weltweit entscheidend beeinflusst und gefördert hat.

Der Görlitzer Kommerzienrat Otto Müller (1829–1908) stiftete 120 000 Reichsmark, um von den Bau einer großen neuen ›Städtischen Volksbücherei und Lesehalle‹ zu ermöglichen. Von 1905 bis 1907 entstand ein für die damalige Zeit großzügig und zweckmäßig gestaltetes Bibliotheksgebäude im Jugendstil. Altes und neues Herz des Lesetempels ist der historische **Lesesaal** im zweiten Stock, der sicher viele Besucher erstaunen lässt: Das Gewölbe wird von 242 Pfauenaugen geschmückt. Das historische Original war, als 2007 die Restaurierung anstand, zwar verschwunden, aber unter Zuhilfenahme des Görlitzer Fotoarchivs von Robert Scholz und nach akribischen Befunduntersuchungen konnte das außergewöhnliche Zierelement wieder neu entstehen. An der Schildwand prangt ein monumentales **Görlitzer Stadtwappen**, dessen ursprüngliches Erscheinungsbild auf den besiegelten Wappenbrief des Kaisers Sigismund von 1433 zurückgeht. Während der Rekonstruktion war für die Wiederauffrischung eigentlich kein Geld vorhanden, doch der Lions Club Görlitz/Zgorzelec spendierte nach einer Führung spontan die erforderliche Summe von 7000 Euro. Auf der gegenüberliegenden Stirnseite finden sich zwei große **Ölgemälde** des Düsseldorfer Kunstmalers Franz Kiedrich. Das linke zeigt die Szene einer Klosterbibliothek, das rechte einen modernen Lesesaal aus der Zeit um 1900. Auch diese beiden Schmuckelemente waren lange Zeit nicht zu sehen. Man wickelte sie in den 1960er Jahren auf eine Rolle und lagerte diese auf dem Dachboden.

Im Lesesaal stehen etwa 20 000 belletristische Bücher zumeist in originalen Wandregalen aus der Gründerzeit. Im **ehemaligen Magazin** sind heute die

Pfauenaugen im Lesesaal

Sach- und Fachbücher in Form eines futuristischen begehbaren Bücherregals über zwei Ebenen zu finden. Die langlebige historische Magazinanlage der Firma Robert Lipmann aus Straßburg bildete dafür die Basis.

Dank der Weitsicht der einstigen Stadtplaner wurde bereits um die vorletzte Jahrhundertwende das unmittelbare Nachbargrundstück freigehalten, wo zwischen 2007 und 2009 tatsächlich ein moderner **Erweiterungsbau** angefügt werden konnte. Dieser entstand in harmonischer Ergänzung, die Dachkonstruktion in elliptischer Form eines Tonnendachs in Anlehnung an das historische Tonnengewölbe im Lesesaal. Mehrere schmale Glaselemente im modernen Dach lassen das Himmelsblau durchscheinen. An diesem faszinierenden Ort hat heute die Kinderbibliothek eine Heimstatt gefunden. Aus vielen Fenstern der oberen Stockwerke in der Bibliothek kann der Besucher Görlitz von oben aus weniger bekannten Perspektiven betrachten.

Die Mischung aus Alt und Neu zauberte in Görlitz eine außergewöhnliche Leseoase mit vielen anheimelnden Plätzen hervor, die nicht nur Bücherfreunde begeistert.

Straßburgpassage

Moderne und gesichtslose Konsumtempel verschandeln viele deutsche Innenstädte – nicht so in Görlitz: Hier lohnt der Besuch, auch wenn man nichts kaufen möchte. Die Straßburgpassage verbindet die Berliner Straße mit der Jakobstraße. Der maurisch beeinflusste Warenhauskomplex mit Lichthöfen und Hallen entstand 1908 im Auftrag des Kaufmanns Otto Straßburg, nachdem er nach und nach sämtliche Grundstücke dafür aufgekauft hatte. Denkmalpfleger halten den Bau für wertvoller als Specks Hof und die Mädlerpassage in Leipzig. Nach der Wende übernahm der Enkel des Firmengründers, Prof. Dr. Wolfgang Straßburg, die Passage, um ihr zu neuem Glanz zu verhelfen. In den hiesigen Räumlichkeiten der Euro-Schulen Görlitz/Zittau befindet heute sich die englischsprachige Europa-Bibliothek ›Bookworm‹. Es handelt sich hierbei zum größten Teil um den literarischen Nachlass der US-Truppen. Über 18 000 Bücher gelangten nach dem Teilabzug des Militärs aus der Straßburgkaserne in Baumholder nach Görlitz. Dieser Glücksumstand ist einem amerikanischen Praktikanten zu verdanken, der Mitte der 1990er Jahre in Görlitz als Englischlehrer arbeitete: Er machte die Schulleitung darauf aufmerksam, dass man sich für diesen bibliophilen Schatz bewerben konnte.

Vom Ausgang an der Jakobstraße lohnt ein kurzer Abstecher nach links. Nach etwa 100 Metern sieht man das wohl am schönsten verzierte Görlitzer **Haustor**. Hier, in der Jakobstraße 5, hatte früher der Photograph Karl Neuse sein Atelier.

Wilhelmsplatz

Vor dem Ostausgang der Straßburgpassage breitet sich Wilhelmsplatz aus, mit einer Ausdehnung von etwa 200 mal 100 Metern der größte Görlitzer Stadtplatz. Mit seinem grünen Rasenteppich in der Mitte und den rahmenden Blumenbeeten ist er vom Frühjahr bis zum Herbst eine Augenweide. An der Ostseite erinnert ein schlichtes **Mahnmal** an die Opfer des Faschismus.

Postplatz

Am Postplatz offenbart sich die Görlitzer Gründerzeit von ihrer schönsten Seite. Insbesondere nach Inbetriebnahme der Eisenbahn verlagerte sich die Bauaktivität in die Straßenzüge zwischen Altstadt und Bahnhof. Das einstige **Kaiserlich-königliche Post- und Telegraphenamt** vom Ende des 19. Jahrhunderts ist noch heute ein architektonischer Hingucker. Auf dessen flachem Dach stehen die Figurengruppen ›Telefonie‹ und ›Telegrafie‹: Ein Frau hält ein Telefon, das damals gerade erst im Kommen war. Ein Mann mit Blitz in der Hand symbolisiert die Elektrizität, der Engel schwenkt die Fackel des Fortschritts. Das Postgebäude besitzt einen hufeisenförmigen Grundriss, auf seiner Rückseite sind die großen schmiedeeiserne Tore sehenswert, durch die früher die Postkutschen einfuhren.
Von Blumenbeeten umrahmt, plätschert am Postplatz ein Brunnen. Von der hübschen **Muschelminna** wird behauptet, sie sei die schönste Brunnenfigur Schlesiens. Die große Bronzefigur ist das Werk von Robert Toberentz. Er formte sie nach dem Vorbild der römischen Naturgöttin Flora, die eine riesige Muschel über dem Kopf hält. Allerdings ist die heutige Muschelminna ein Zweitguss, das Original wurde 1942 von der Rüstungsindustrie eingeschmolzen.
Die Nordseite des Platzes rahmt das spätklassizistische **Geschäfts- und Wohnhaus** des Kaufmanns Eduard Schultze. Im Mittelteil befand sich früher das Hotel ›Victoria‹. Die lange Fassade ziert ein Balkon, dessen Dach nicht Säulen, sondern vier weibliche Wesen tragen, in der Fachsprache als Karyatiden bezeichnet. Mit dem Gebäude schuf Schultze auch ein städtebauliches Ärgernis, das bis in die heutige Zeit reicht, denn es wirkt zwischen Marien- und Postplatz wie ein überdimensionaler Riegel. Selbst die Straßenbahn muss hier noch heute quietschend einen engen Bogen fahren.

Das ehemalige Geschäfts- und Wohnhaus von Eduard Schultze am Postplatz

Frauenkirche

Die spätgotische Frauenkirche wirkt wie in die Straßenflucht eingequetscht. Ungewöhnlich ist die Geschichte, wie es zu ihrem Bau kam: Mitte des 14. Jahrhunderts mussten sich die Görlitzer mit Raubrittern unter Führung des Lehnsmannes Nitsche von Reckwitz herumplagen. Diese Bande hatte eine befestigte Basis auf der Landeskrone, die damals den schlesischen Bibersteinern gehörte. Die Bürger schickten Unterhändler zum Friedrich von Bibersteiner, auf dem Heimweg wurden sieben von ihnen umgebracht. Am feigen Überfall war auch der Besitzer der Landeskrone beteiligt. Nach diplomatischen Verwicklungen mussten die Mörder schließlich 200 Schock böhmische Groschen zahlen. Mit diesem Geld errichteten die Görlitzer außerhalb der damaligen Stadt-

▲ Karte S. 89

Die Frauenkirche

befestigung ein Frauenhospital mit Sühnekapelle. Das alte Kirchlein musste später weichen und 1473 war die Frauenkirche in ihrer heutigen Form vollendet.

Das **Eingangsportal** auf der Westseite schmücken eine Verkündigungsgruppe zwischen den beiden gotischen Spitzgiebeln sowie kecke Engelchen an den Hohlkehlen. Hohe schlanke Pfeiler tragen das **Netzgewölbe** der einheitlichen Halle mit drei Schiffen. Farbige Schlusssteine zeigen unter anderem Szenen aus dem Leben Marias und Symbole für die vier Evangelisten: Stier (Lukas), Löwe (Markus), Engel (Matthäus), Adler (Johannes). Unter Propheten und Moses hat sich unter die Schar der Konsolköpfe im Chor auch ein Narr mit offenem Mund gemischt. Er steht als Symbol der gottlosen Lasterhaftigkeit und warnte die Gläubigen vor den Gefahren der bösen Welt. Besonders prächtig erscheint das filigrane Brüstungsgeländer aus Sandstein an der Orgelbühne. Fein gearbeitet sind auch die **Maßwerkfenster** mit Fischblasenrosetten, eine geschwungene Ornamentform, die an einem Ende kreisförmig abgerundet ist und zum anderen spitz ausläuft. Das **Dachwerk** aus dem 15. Jahrhundert über Chor und Langhaus besteht aus Fichte und ist fast vollständig erhalten. Immer dienstags kann man den einzigartigen Dachstuhl mit Führung besichtigen (am Büchertisch melden).

Erhalten blieb auch der Göpel zum Heraufziehen der Hölzer sowie eine Doppelleiter aus dem 17. Jahrhundert, die in Görlitz eigens für eine Erweiterung der hiesigen Konstruktion erfunden wurde.

Warenhaus

Das Warenhaus Görlitz gehört zu den besterhaltenen Warenhäusern aus dem frühen 20. Jahrhundert und ist daher ein eindrucksvolles Beispiel aus der Hochzeit dieser Bauform.

Mitte des 18. Jahrhunderts bildeten sich in Paris die ersten Vorläufer der späteren Warenhäuser heraus: Enge Innenhöfe erhielten ein Glasdach, die Verkaufsflächen waren nun witterungsgeschützt. Karl Friedrich Schinkel, Oberlandesbau-direktor und königlicher Architekt, brachte aus Paris einen Entwurf für ein Warenhaus mit, doch der preußische Regent war für derartige neumodische Ideen nicht zu begeistern, er ließ die Pläne in der Schublade verschwinden. Erst im letzten Drittel des 19. Jahrhunderts entstanden in Deutschland die ersten Warenhäuser: Wertheim in Stralsund 1875 und Karstadt in Wismar 1881 können als Vorreiter gelten.

Auch Görlitzer Händler verfolgten diese Entwicklung. Louis Friedländer, Besitzer eines Posamentier-, Knopf- und Strumpfwarengeschäfts am Obermarkt, kaufte wegen der wachsenden Nachfrage mehrere Häuser an der Frauenkirche und ließ zwei Gebäude zu einem Warenhaus umbauen. 1905 erwarb ein Unternehmer aus Berlin-Charlottenburg das Areal. Wegen weiter anwachsender Nachfrage entschloss sich der Besitzer zum Abriss des Quartiers einschließlich des Hotels zum Strauß und plante einen großen Neubau

Blick vom Dicken Turm auf den Marienplatz mit dem Warenhaus

zwischen Frauenkirche, Marien- und Demianiplatz. Die kleinen Görlitzer Einzelhändler fürchteten die Konkurrenz und ersuchten den Breslauer Oberpräsidenten um ein Bauverbot. Aber die Stadt genehmigte die Pläne, ging es doch um verlockende Steuereinnahmen. Der Potsdamer Architekt Carl Schmanns entwarf einen historisierenden Kaufhaus-Palast mit Elementen des Neobarock, Neoklassizismus und einer phänomenalen, mit bemalten Drahtglasscheiben gestalteten Lichtkuppel und großen Messing-Kronleuchtern im Jugendstil. Die Planung ergab, dass sich der Neubau über die Baugrenzen des ursprünglichen Quartiers hinaus erstrecken würde. Die Stadtbehörde zeigte sich schnell kompromissbereit: Der Gehweg wurde mit einem Arkadengang überbaut, der dem des Kaufhauses Wertheim in Berlin glich. Das der Baustelle am Demianiplatz gegenüber liegende Eckgebäude stand der Erweiterung ebenfalls im Wege. Es wurde abgerissen und an dieser Stelle ein Neubau mit einer abgerundeten sehr markanten Fassade errichtet (Demianiplatz 13). So wurde der notwendigen neuen Straßenführung Richtung Postplatz entsprochen.

▲ Karte S. 89

Am 30. September 1913, nach einem Jahr Bauzeit, öffnete am Demianiplatz unter der Adresse An der Frauenkirche 5–7 das Luxus-Kaufhaus mit einer Verkaufsfläche von etwa 7000 Quadratmetern seine Pforten. In Erinnerung an das alte Hotel erhielt das Haus den Namen ›Kaufhaus Zum Strauß‹. Die protestierenden kleinen Händler hatten sich für diesen Tag noch eine Rache ausgedacht. Sie luden einen Professor ein, der vor dem Gebäude über die Warenhausgefahr referierte. Man ließ das männliche Publikum wissen: »Meine Herren, halten sie ihre Portemonnaies fest, wenn die Damen da reingehen, das ist ein Tempel der Versuchung!« Gleiches war dann am nächsten Tag auch in der Lokalzeitung nachzulesen. Die Warnungen waren nicht aus der Luft gegriffen, denn die Alltagsartikel lagen im oberen Stock in der hintersten Ecke – die Kundschaft musste zuvor an raffiniert plazierten Sonderangeboten vorbeilaufen, die zum Zugreifen verlockten. Das Görlitzer Warenhauskonzept war eine Kopie von Wertheim Berlin. Ähnliche Kaufhäuser in Düsseldorf und Wismar wurden bereits in den 1920er Jahren umgebaut, so erhielten die Stockwerke neue Decken, um über mehr Verkaufsfläche verfügen zu können. Dem Görlitzer Kaufhaus blieben solche drastischen Eingriffe erspart. Weltwirtschaftskrise und Hyperinflation erwischten Görlitz hart, die einst wohlhabenden Pensionäre waren zumeist mittellos geworden. So fehlte die Wirtschaftskraft, um über eventuelle bauliche Veränderungen nachzudenken. »Armut ist der beste Konservator«, weiß der Görlitzer Kunstwissenschaftler und Hochbau-Ingenieur Dr. Andreas Bednarek während einer Führung zu berichten. Die Karstadt AG erwarb Ende der 1920er Jahre das Haus und blieb bis 1946 Eigentümer. In der DDR-Zeit, nun unter der Centrum-Warenhaus-Regie, verschwanden die schönen Kronleuchter, nun strahlte das kalte Licht von Neonröhren. Zudem beabsichtigte man wieder einmal, Zwischendecken einzuziehen und auch die schönen Treppenanlagen aufzugeben. Die Unterschutzstellung des Hauses als Denkmal verhinderte diese Ideen. Die nächste Gefahr für das Haus zeichnete sich 1984 ab. Die Kaufhausleitung plante, die einst farbig bemalten Glasscheiben der Lichtkuppel durch ganz gewöhnliche Scheiben zu ersetzen, weil die Malerei größtenteils beschädigt und kaum noch erkennbar war. Zudem sollten die Wand- und Deckenflächen schlicht weiß gestrichen werden. Doch dagegen regte sich Widerstand. Das Büro für Stadtplanung erarbeitete eine denkmalpflegerische Zielstellung, die die Restaurierung des Lichthofes zum Ziel setzte. Der Görlitzer Stadtbildpfleger Peter Mitsching übernahm die Bauleitung und fand in traditionsbewussten Handwerkern aus Görlitz und Löbau geeignete Mitstreiter. Die Malermeister zeigten ihr Können. Dabei ließ es sich der Stadtbildpfleger nicht nehmen, bei der Bemalung der Scheiben selbst mit

Der prächtige Lichthof im Warenhaus

Hand anzulegen. Das Institut für Denkmalpflege in Dresden war von dieser Restaurierung begeistert und bestätigte die ausgezeichnete Qualität der geleisteten Arbeit. So wurde nicht nur die Malerei der Glaskuppel rekonstruiert, auch die Farbfassungen und Bronzierungen der Wand- und Deckenflächen entstanden nach Befund wieder neu. 1985 konnte der restaurierte Lichthof der Kundschaft präsentiert werden. In den Drahtglasscheiben am unteren Rand der Kuppel sind vom obersten Treppenpodest aus die Namen der an der Restaurierung beteiligten Betriebe und Fachleute zu lesen. Nach historischen Fotos konnten in den 1990er Jahren sowohl die Kronleuchter als auch die Beleuchtung des Arkadenganges vom Spezialleuchtenbau Wurzen originalgetreu nachempfunden werden. Nach der Wende erwarb die Karstadt AG erneut das Gebäude. Später wurde die Kaufhauskette Hertie Eigentümer, die aber 2009 Insolvenz anmeldete und das Kaufhaus schloss. Nur die Parfümerie Thiemann verblieb in dem Haus, so wurde die komplette Schließung verhindert. Der Verbleib der Drogerie und deren ständiger Kontakt zur Görlitzer Denkmalbehörde ermöglichte in dieser

Originaler Treppenaufgang

Zeit eine intensive Kontrolle des Bauzustandes. Auftretende Baumängel wurden so schnell entdeckt und die Insolvenzverwalter zum Handeln gezwungen. So konnte das Haus bis zum Verkauf an den jetzigen Eigentümer in einem relativ guten Bauzustand erhalten und größere Schäden abgewendet werden.

Auch das derzeit leerstehende Haus verkörpert die frühe deutsche Warenhausarchitektur und bewahrte als einziges in Deutschland weitgehend seine Ursprünglichkeit – es findet sich deutschlandweit kein zweites, das zeitgenössischen Schick so spielerisch mit bleibender Eleganz verbindet. Seit 2013 ist die Kaufhaus-Hülle in privater Hand, der neue Besitzer Winfried Stöcker will hier ein Premium-Kaufhaus etablieren, ein neues ›Lafayette des Ostens‹. Derzeit gibt es keine festgeschriebenen Besuchszeiten (Aushang an der Tür beachten oder vorher bei der Görlitz-Information nachfragen).

Theater

Am benachbarten Demianiplatz 2 steht das Theater, 1850/51 nach Entwürfen des Maurermeisters Gustav Kießler für etwa 800 Zuschauer erbaut. 1911 erhielt die Spielstätte eine offene Eingangshalle mit Vestibül, in den 1920er Jahren Hinterbühne und Bühnenhaus. Eine Restaurierung im Jahr 2002 brachte insbesondere die schöne Saalausmalung wieder zur Geltung. Heute nennen die Görlitzer das Stadttheater stolz ihre ›Kleine Semperoper‹. Das hat auch einen realen Hintergrund: Wegen des Elbehochwassers im Sommer 2002 war der Spielplan der Dresdner Semperoper für einige Zeit ausgesetzt. Pfiffige Reiseunternehmer kutschierten ihre Kunden stattdessen nach Görlitz. Um den Gästen das veränderte Reiseziel schmackhaft zu machen, machte der hübsche Beiname schnell die Runde und wurde auch später beibehalten.

▶ Karte S. 89

Senckenberg Museum für Naturkunde Görlitz

Das Senckenberg Museum für Naturkunde Görlitz am Marienplatz vermittelt Kenntnisse über den tropischen Regenwald, Gesteine sowie die Fauna und Flora der Oberlausitz. In einem Vivarium im Untergeschoss sind lebende einheimische und tropische Tiere zu beobachten, so gruselige Riesenfauchschaben, Schwarze Süßwasserstechrochen oder Südliche Tomatenfrösche. Der Clou ist das Modell eines Regenwurms in 30-facher Vergrößerung im Treppenhaus, wo der Tauwurm gerade dabei ist, ein Blatt in eine Baumhöhle zu ziehen.

Fleischerei Büchner

Vom Marienplatz ist es ein Katzensprung zur wohl schönsten Fleischerei der Welt. Man läuft die alleenartige Elisabethstraße, heute Standort des Görlitzer Wochenmarktes, entlang und biegt rechts in die Bismarckstraße ab. Ende 1993 eröffnete hier die Fleischerei Büchner (Nr. 3), nachdem der Laden etwa 15 Jahre leer gestanden hatte. Gut eine halbe Million DM war zuvor in eine denkmalpflegerische Sanierung geflossen.

Das Haus wurde 1876 erbaut. Im Hinterhaus befand sich anfangs eine Wurstküche, 1911 nahm eine Fleischerwerkstatt in dem ergänzten Seitenflügel ihren Betrieb auf. Es wird angenommen, dass zu jener Zeit auch der Fleischerladen eröffnete. Er ist mit **Fliesen** der weltbekannten Firma Villeroy & Boch ausgekleidet. Sie stellen Motive aus dem Alltag der Metzger dar – den Weg der Fleischerware von der Weide bis zur Ladentheke – und sind mit allegorischen Darstellungen und Blumengirlanden aufgelockert. Im unteren Bereich war ein Großteil der historischen Fliesen so stark beschädigt, dass diese ausgetauscht werden mussten. Villeroy & Boch ist heute die größte Fliesenfirma

In der Fleischerei Büchner

Europas, eine Anfrage aus Görlitz wurde abschlägig beschieden, weil die benötigte Stückzahl zu klein war. Die Kopien nach Originalvorlagen kamen dann von der Meißenkeramik GmbH, die neuen Fliesen für den Mosaikfußboden lieferte die Londoner Firma Johnson.

An den Wänden sind verschnörkelte Sortiments- und Preistafeln aus dunklem Holz angebracht, der Personaldurchgang führt durch eine holzverkleidete, mit Jugendstilelementen verzierte Türfassung, darüber tickt eine kleine Uhr. In der Görlitzer Fleischerei geht es noch viel geruhsamer zu als in der ehemaligen Molkerei Gebrüder Pfund in Dresden-Neustadt. Der schönste Milchladen der Welt ist auch mit solchen dekorativen Fliesen desselben Herstellers ausgeschmückt.

Für Besucher, die nichts kaufen, aber gern fotografieren möchten, steht eine kleine Sparbüchse für eine Spende auf der Ladentheke.

■ Neue Synagoge

Durch die Bismarckstraße gelangt man schnell in den **Stadtpark**, dessen Gestaltung nach Plänen von Peter Joseph Lenné erfolgte.

An seinem nordwestlichen Rand erhebt sich die Neue Synagoge, für die der Kaufmann und Stadtrat Dr. Emanuel Alexander-Katz einen großen Teil seines Vermögens spendete. Alexander-Katz betrachtete den Bau einer neuen Synagoge als seine Lebensaufgabe, nachdem die erste für die Gemeinde zu klein geworden war. Das preußische Toleranzedikt von 1847 förderte den Zuzug von Juden auch nach Görlitz, zur Hochzeit zählte die Gemeinde etwa 800 Mitglieder. Die Baukommission unter der Führung von Alexander-Katz schrieb einen Architekturwettbewerb aus. Die Dresdner Stararchitekten William Lossow und Hans Max Kühne lieferten schließlich die Baupläne, zuvor hatten sie bereits unter anderem das Dresdner Schauspielhaus und den Leipziger Hauptbahnhof entworfen. Für die prächtigen Glasmalereien der Kuppelsaalfenster zeichnete Josef Goller verantwortlich. Die Fenster wurden leider zu DDR-Zeiten Opfer des Vandalismus. Da eine Rekonstruktion ausgeschlossen war, wurde für die neuen Fenster nun eine dem Charakter des Hauses angemessene neue Gestaltung gewählt.

Der Synagogenneubau im repräsentativen Jugendstil wurde 1911 geweiht. In der Zentralhalle fanden 280 Besucher einen Platz, 220 weitere auf der Frauenempore. »Der Hauptraum berührt sich an den Seiten unmittelbar mit dem Äußeren und erhält durch zahlreiche lange und hohe Fenster ein reiches Licht«, vermerkte Chronist Haase über die Bauweise. Traditionelle Einflüsse und zeitgenössische Bauideen brachten in Görlitz neue architektonische Lösungen hervor. Bahnbrechend zu jener Zeit war die Konstruktion aus Stahlskelett und Beton. Der Zentralbau mit einer darüber liegenden Kuppel erinnert an evangelische Kirchenbauten um 1900, der Eingangsbereich mit Flachgiebel und reichen Ornamenten an spätantike Tempel. Die Innengestaltung lässt an ostpolnische Synagogen denken, die Ausmalung ist reich an Farbe und Symbolen. Noch immer legt der Besucher den Kopf in den Nacken zurück, um in Ruhe die Motive der stuckverzierten **Kuppel** zu betrachten: den siebenarmigen Leuchter, die Menora, den Löwen, Wahrzeichen des Stammes Juda, Blattkränze und Schuppen. Kräftige Farben wechseln mit eingesetzter Vergoldung. Und auch die Akustik ist hier ganz hervorragend. Die Wände des erhöhten Platzes für die Verlesung der Thora schmücken kannelierte Muschelkalksäulen und Flächen aus schwarzem und gelbem Marmor. Die zum **Toraschrein** aufführenden

▶ Karte S. 89

Kuppel in der Neuen Synagoge

Treppen werden wieder mit rotem Marmor belegt. Hinter diesem Bereich befindet sich die Wochentagssynagoge, die, komplett restauriert und ausgestattet, künftig unter anderem auch wieder als Andachtsraum dienen kann. Das frühere Sitzungszimmer soll ein Versammlungsraum werden, in dem auch Religionsunterricht stattfinden könnte.

Zum Glück richtete ein Brandanschlag in der Reichspogromnacht 1938 am Bauwerk keinen großen Schaden an. Es wird erzählt, dass die benachbarten Hauseigentümer aus Angst vor einem Großbrand die Feuerwehr zu Hilfe riefen. Zum Kriegsende sollte auf Befehl aus Berlin das Gebäude noch abgerissen werden, doch dazu kam es durch die Kriegswirren zum Glück nicht. Die Görlitzer Synagoge ist die einzige in Sachsen, die in ihrer Bauhülle den Zweiten Weltkrieg überstand. Allerdings verfiel das Gebäude nach 1945 zusehends, denn es existierte keine jüdische Gemeinde mehr in Görlitz und das Gebäude war herrenlos. Anfang der 1960er Jahre erwarb die Stadt Görlitz das Terrain von der Jüdischen Gemeinde Dresden und erklärte das Bauwerk zum Kulturdenkmal. Es gab unterschiedlichste Ideen für eine Weiternutzung: Bibliothek, Turnhalle oder Schwimmbad. Doch keiner dieser Gedanken wurde realisiert. In den Folgejahren setzte wegen ausbleibender Reparaturen und durch Vandalismus zunehmend der Verfall ein. Erste Bestandssicherungen begannen gleich nach der Wende. Ex-Außenminister Joschka Fischer hielt unter der Kuppel eine Laudatio zur Verleihung des Internationalen Brückepreises – wohl kein gutes Omen, denn danach musste die Erlaubnis, die Synagoge auf diese Weise zu nutzen, aus baupolizeilichen Gründen widerrufen werden. Nach notwendigen baulichen Sicherheitsmaßnahmen konnte das Gotteshaus Ende 2008 jedoch wieder als bespielbare Baustelle teilweise genutzt werden. 2010 wurde die Synagoge zum national bedeutsamen Denkmal erklärt und durch die Bereitstellung besonderer Fördermittel war die weitere Restaurierung gesichert. Die Restauratoren fanden zwei eingemauerte linke Schuhe, den einer Dame und den eines Herrn – allerdings ist bislang unbekannt, um welchen rituellen Brauch es sich dabei handeln könnte. Als ›Kulturforum Görlitzer Synagoge‹ unlängst wiedereröffnet, ist das Gebäude täglich zwischen 10 und 18 Uhr zugänglich. Aufgrund von Veranstaltungen kann es jedoch zu verkürzten Öffnungszeiten oder kurzfristigen Schließzeiten kommen; daher rufe man vor einem geplanten Besuch an (Tel. 672411).

Heute gibt es nur noch zwei Jugendstilsynagogen in Deutschland, die andere steht in Augsburg. Der **jüdische Friedhof** liegt am Weg zur Landeskrone, an der Biesnitzer Straße (→ S. 104).

Pfarrkirche Heilig Kreuz

Gegenüber der Synagoge befindet sich die kleine Pfarrkirche Heilig Kreuz. Die Hallenkriche wurde 1853 nach Plänen des Schinkel-Schülers August Soller aus Bruchstein errichtet. Außen und innen dominiert der romanische Rundbogenstil. Es war das erste neu gebaute Gotteshaus für zugezogene Katholiken nach der Reformation. Nach 50 Jahren wurde es für die anwachsende Gemeinde zu klein, die Kirche St. Jakobus in der Südstadt wurde in Auftrag gegeben.

Stadthalle

Graf Bolko von Hochberg stammt aus der Familie Fürstenstein und Pleß. Er schrieb Singspiele, eine Oper, Lied- und Chorkompositionen und war Initiator für den Bau der Görlitzer Stadthalle, denn es fehlte ein würdiger Ort für die Schlesischen Musikfestspiele. 1906 war das Geld zusammen, die Ausführung lag in den Händen des Berliner Architekten Bernhard Sehring. Im Frühjahr 1908 fiel die Hallendecke herunter, fünf Arbeiter fanden dabei den Tod. Als wahrscheinlich gelten statische Fehler bei der Bemessung der Stahldeckenkonstruktion. 1910 war das neue Festspielhaus mit 2000 Sitzplätzen und bis zu 1000 Mitwirkenden auf der Bühne vollendet.

Die **Konzertorgel** der Firma Wilhelm Sauer ist die einzige original erhaltene mit einer spätromantischen Klangfarbe. Nach der Wende war die Halle in desolatem Zustand. Sie blieb lange verschlossen, aber seit 2019 wird der kleine Saal im Sommer durch das Theater Görlitz bespielt. Eine Augenweide sind die strahlend weißen Pokale, Putten und Vasen auf den Dächern. Künftig soll die Stadthalle neben dem Theater das kulturelle Zentrum der Europastadt Görlitz/Zgorzelec werden.

Nahe der Stadthalle wurde 1961 ein **Meridianstein** in Form einer Kugel zum Kennzeichnen des 15. Längengrades aufgestellt, der durch Görlitz verläuft. Allerdings hat sich mit den damaligen Messmethoden ein kleiner Fehler eingeschlichen. Neueste Verfahren verschieben den 15. Meridian um knapp 140 Meter an die Neißewiese unterhalb der Stadthalle. Hier tickt exakt die mitteleuropäische Zeit.

Dr.-Kahlbaum-Allee

Vom Stadtpark zurück zum Bahnhof kann man durch die Dr.-Kahlbaum-Allee gehen. Linker Hand befindet sich die ehemalige **Reimer-Kahlbaum'sche Nervenheilanstalt** mit kleinem Park, einem verfallenden Pavillon an der Allee und dem noch erhaltenen Gesellschaftshaus, das gegen Ende des 19. Jahrhunderts entstand und mitunter am Tag des offenen Denkmals besichtigt werden kann. Dr. Karl Ludwig Kahlbaum engagierte sich besonders für die Heilung psychisch Erkrankter und legte mit seinem unermüdlichen Wirken einen Grundstein für die heute selbstverständliche Rehabilitation und Integration.

▶ Karte S. 89

Südstadt

Die Görlitzer Südstadt wuchs ab der Wende zum 20. Jahrhundert beinahe in einem Guss, vornehmlich in architektonisch ansprechender Gründerzeitarchitektur.

■ Kathedrale St. Jakobus

Seit der Reformation war Görlitz evangelisch geprägt. Das änderte sich erst mit dem wachsenden Arbeitskräftebedarf im Zuge der Industriellen Revolution ab der Mitte des 19. Jahrhunderts, als unter den Zuwanderern viele Katholiken waren. Zuerst fanden die Ankömmlinge in der neuerbauten Heilig-Kreuz-Kirche – heute nördlich der Bahngleise in der Struvestraße zu finden – eine Andachtsstätte. Sie erwies sich aber bald als zu klein, eine größere Kirche musste her. Das wurde die Jakobuskirche.

Sie thront südlich vom Bahnhof, weithin sichtbar, auf einer kleinen Anhöhe. Die dreischiffige Hallenkirche ist heute die Bischofskirche des römisch-katholischen Bistums Görlitz und damit offiziell Kathedrale. Der neogotische Bau wuchs in den Jahren von 1898 bis 1900 aus roten Ziegelsteinen, der Turm ragt 68 Meter empor. Für die Baupläne zeichnete Architekt Joseph Ebers verantwortlich. Im Inneren sind Glasurziegel zu sehenswerten **Ornamenten** verbaut.

Bis Juli 1946 arbeitete der aus Breslau vertriebene schlesisch-katholische Kapitelvikar im neugegründeten Erzbischöflichen Ordinariat Breslau/Zweigstelle Görlitz im Exil, in der Folgezeit in Erzbischöfliches Amt Görlitz umbenannt. Die Jahre der politischen Ungewissheit endeten aber erst 1972, als Papst Paul VI. die Görlitzer Exilverwaltung zur Apostolischen Administratur erhob und mit diesem Akt endgültig vom Erzbistum Breslau trennte. 1994 erklärte Papst

Neogotisches Schmuckstück: St. Jakobus

Auf dem Jüdischen Friedhof

Johannes Paul II. das Gebiet in den historischen Grenzen des einstigen Bistums Breslau westlich der Lausitzer Neiße zum Verwaltungsbezirk (Suffraganbistum) des Erzbistums Berlin. Im selben Jahr bestätigte der Pontifex im Vatikan die heilige Hedwig von Schlesien als Bistumspatronin. Allerdings erstreckt sich nur der kleinere Teil des neuen römisch-katholischen Verwaltungsbezirks im Sächsischen zwischen Görlitz und Wittichenau, der flächenmäßig größere Teil liegt im Bundesland Brandenburg, in der Region Senftenberg, Cottbus, Lübben und Eisenhüttenstadt. Sichtbar wird diese Aufteilung vor allem in der überwältigenden Pracht des Wallfahrtsortes und Klosters Neuzelle südlich von Eisenhüttenstadt. Heute bekennen sich im gesamten sächsisch-brandenburgischen Bistum nur noch drei bis fünf Prozent der Bevölkerung zum Katholizismus. Das Bistum Görlitz ist somit das kleinste katholische in Deutschland.

Tierpark

An der Zittauer Straße liegt der kleine Görlitzer Tierpark (tgl. 8–18 Uhr). Heimische Tiere leben in einem nachgestalteten Oberlausitzer Bauernhof, asiatische Verwandte in einer tibetischen Umgebung. Im Alpen-Gehege mit Felsblöcken und Wasserfall sind Alpensteinböcke, Murmeltiere und Gänsegeier zu beobachten.

Straßenbahndepot

Das Straßenbahndepot mit Verwaltungsgebäude (Zittauer Straße 71/73) entstand von 1897 bis 1900. Seit Ende 1897 besitzt Görlitz eine elektrische Straßenbahn, bereits fünf Jahre zuvor hatte eine Pferdeeisenbahn den Betrieb aufgenommen. Einer dieser historischen Pferdebahnwagen wurde kurz nach der Jahrtausendwende wieder aufgefunden und restauriert; er ist seitdem fahrbereit. Das über 130 Jahre betagte Gefährt kommt mitunter am Tag des offenen Denkmals zum Einsatz.

▶ Karte S. 89

Jüdischer Friedhof

An der Biesnitzer Straße, in Richtung Landeskrone, wurde 1850 der jüdische Friedhof eröffnet. Nicht nur Juden aus Görlitz fanden hier ihre ewige Ruhe, sondern auch die Verstorbenen aus den Regionen Lauban (heute Lubań in Polen), Hoyerswerda und Rothenburg O/L. Mit dem Ende des Zweiten Weltkrieges war auch die jüdische Gemeinde Görlitz ausgelöscht. Viele der rund 400 Gräber sind noch in guten Zustand, nur an den Sandsteinverzierungen nagt der Zahn der Zeit. Zum Glück wurden alle Gräber um die letzte Jahrtausendwende inventarisiert, und so finden Interessierte die Gräber der jeweiligen Verstorbenen, auch wenn die Inschriften längst nicht mehr zu lesen sind.

Brauerei Landskron

In Görlitz bestellt man kein Bier, sondern ein Landskron. Der Görlitzer Hausberg gab der östlichsten Brauerei ihren Namen. Die **Backsteingemäuer** der Landskronbrauerei stehen seit 1982 als seltenes Beispiel der Industrie- und Braugeschichte im Stil der Gründerzeit unter Denkmalschutz. Die einstige Lagerhalle wurde zur **Kulturbrauerei** umgebaut und ist mit etwa 100 Veranstaltungen im Jahr ein beliebter Ort für Tanzfreudige. Brauereibesichtigungen auch mit Imbiss oder einem Menü werden angeboten.

Ende der 1860er Jahre wuchs unter den zahlreichen passionierten Görlitzer Biertrinkern der Wunsch nach einem guten Bier, die importierten Sorten empfanden sie als wenig geschmackvoll. 1869 legten gutbetuchte Görlitzer Bierkenner einen Teil ihres Vermögens in die neugegründete Landskron-Aktienbrauerei an. Drei Standorte zog man damals in Betracht, und schließlich fiel die Wahl auf vier Hektar am westlichen Neißeufer, damals noch weit vor den Toren der Stadt gelegen. Der preußische König Wilhelm I. höchstselbst genehmigte das Vorhaben. Seither wird hier mit offener handgeführter Gärung gebraut. Das erste Landskron kam 1871 zu den Kunden, 1883 setzte sich der Name ›Landskron Bier‹ durch. Der Eintrag im Reichspatentamt als Schutzmarke mit dem Symbol der Landeskrone erfolgte allerdings erst kurz vor dem Ersten Weltkrieg.

Das Landskron war schnell ein Erfolg, und so reichte man bei der Stadtverwaltung bald Erweiterungspläne ein. Doch deutsche Behörden galten schon damals als Schrecken vieler Investoren. Die Polizeiverwaltung sprach sich gegen eine Expansion aus, wörtlich ist in den Archiven vermerkt: »Die Brauerei gereicht der angrenzenden Promenadenanlage zur Unzierde!«. Dagegen setzten sich die Görlitzer Bürger gemeinsam zur Wehr. Die Fakten überzeugten den Magistrat letztendlich doch: Steuereinnahmen von über 50 000 Reichsmark und Arbeitnehmerlöhne von 600 000 Reichsmark im Jahr waren zu Beginn des 20. Jahrhunderts eine enorme Summe Geld, auf die

Werbetafel von 1930

Stadtspaziergänge

Eine Führung in der Brauerei

auch die Politiker nicht verzichten wollten. Bis 1900 wuchsen auf dem Terrain 18 Gebäude. Zu dieser Zeit wurden um die 100 000 Hektoliter pro Jahr produziert, ab 1906 nach dem bayerischen Reinheitsgebot. Die Nähe zur Lausitzer Neiße war bewusst gewählt, denn hier gewann man im Winter die Eisblöcke für die Kühlung der Lagerräume. Drei Meter dicke Mauern im Gär- und Lagerkeller sicherten gleichbleibende Temperaturen und verhinderten ein vorzeitiges Schmelzen der Eisstücke. Damit galt die Brauerei auch als bombensicher, und so zog 1943 ein Rüstungsbetrieb ein. Kaum waren die etwa 100 Drehbänke angelaufen, näherte sich die Rote Armee von Osten der Lausitzer Neiße.

Nach 1945 war Landskron die östlichste Brauerei Deutschlands. Anfangs mussten sich die Görlitzer allerdings mit roter Fassbrause begnügen – sie gibt es heute noch in leicht veränderter Rezeptur. 1972 bemächtigte sich der Staat des Betriebes, zuvor war es ein halbstaatlicher Betrieb. Der Substanzverfall nagte nur knapp 20 Jahre an den Produktionsanlagen und war deshalb auch nicht so verheerend wie anderswo im Land. Nach der Wende ging der Betrieb erst an die enteignete Besitzerfamilie Scheller, dann an Holsten, bis 2006 war er im Besitz von Carlsberg. Der dänische Konzern hatte für alle seine Braustandorte eine Jahresproduktion von mindestens 220 000 Hektolitern vorgegeben. Das konnte Landskron nicht leisten, der Görlitzer Brauerei drohte die endgültige Schließung. Doch es ergab sich ein Happy End: Ein Unternehmerehepaar, das ein besonderes Faible für die Pflege und die Bewahrung historischer Bauten entwickelt hatte, griff beherzt zu. Seither gehört die Brauerei der Stiftung Dr. Lohbeck. Die hier pro Jahr gebrauten 150 000 Hektoliter Bier rinnen insbesondere durch durstige Kehlen des ›Landskronlandes‹: Eine gedachte Linie zwischen Görlitz, Dresden, Leipzig, Chemnitz, Berlin und Eisenhüttenstadt kennzeichnet das Hauptabsatzgebiet. Gern möchte man den Bogen auch nach Osten weiterspannen, denn vor 1945 gehörte ganz Schlesien einschließlich Breslau (heute Wrocław) zu den traditionellen Vertriebsgebieten.

Die Qualität des Bieres überzeugt nicht nur die Konsumenten, sondern auch die Fachwelt, von 1992 bis 2015 bekam Landskron alljährlich das DLG-Siegel verliehen. Seit 2004 dürfte das Brauereigelände weltbekannt sein, denn es stellte im Hollywoodfilm ›In 80 Tagen um die Welt‹ den New Yorker Hafen dar. Seit dem Ende der Dreharbeiten erinnert die ›Jackie-Chan-Gasse‹ an den Hauptdarsteller, und auf einem Schild am Sudhaus ist ›Am Hafen‹ zu lesen.

Das repräsentative **Direktorenhaus** entstand in den Kriegsjahren 1914/15 nach Plänen des Görlitzer Architekten Friedrich Paul Gerhard Röhr als Wohnhaus der Firmenchefs mit ihren Familien und

▶ Karte S. 89

den Bediensteten. Heute sind hier Verwaltung, **Besucherzentrum mit Betriebsverkauf** sowie das gemütliche **Braustübl** zu finden. Hier startet und endet die Brauereiführung mit einem kleinen Umtrunk. 72 Stufen führen in den Gär- und Lagerkeller, laut Brauereiwerbung ›Der einzige Keller, in dem unser Bier 40 Tage alt wird‹. Die Türen dürfen nicht lange offen stehen, denn ansonsten würde sich das Gemäuer zur künstlichen Tropfsteinhöhle verwandeln. Der Inhalt eines großen Stahltanks (223 Hektoliter) entspricht etwa 44 000 Halblitergläsern. Im Flaschenkeller können stündlich 20 000 Flaschen befüllt werden, das sind 1000 Bierkästen.

Landskron-Besucher können jedes Jahr mehrere Bierspezialitäten probieren. Sie sind nicht ständig verfügbar und nur im Landskron-Besucherzentrum erhältlich, bei ausgewählten Gastronomen und Händlern sowie online unter www.landskron.de/shop

Gegenüber dem Brauereigelände erstreckt sich der **Schellergrund**, ein von der Brauerei Ende der 1920er Jahre angelegter und nach den langjährigen Eigentümern der Brauerei benannter kleiner Park. Durch die Schlucht und am Hang verlaufen mehrere verschlungene Wege. Neben alten Laub- und Nadelbäumen finden sich viele Rhododendronsträucher.

Weinberghausturm

Nicht weit weg von der Brauerei, am Südende der Straße An der Landskronbrauerei, steht der Weinberghausturm. Bei der Industrie- und Gewerbeausstellung 1885 auf dem Görlitzer Lutherplatz war der hübsch gestaltete Ausguck aus Holz der Hingucker. Der örtliche Riesengebirgsverein setzte sich für die Verlegung auf den neuen Standort ein. Von der obersten der zwei Galerien eröffnete sich nach 103 Stufen ein schöner Blick zum Volksbad, zum Stadtteil Weinhübel, zum Berzdorfer See und auf das Isergebirge im Süden, im Westen thront die Landeskrone. Leider ist der Turm jetzt geschlossen, sein baulicher Zustand ist in die Jahre gekommen. Das ehemals beliebte Weinberggasthaus im Schweizer Stil daneben verfällt bereits. Engagierte Bürger mühen sich derzeit um die Sicherung der historischen Substanz beider Bauten.

Parkbahn

Zwischen Landskronbrauerei und Weinberghausturm verkehrt die Parkbahn auf einem 800-Meter-Rundkurs. Das Glanzstück neben einer zweiten kleinen Diesellok ist die Nachbildung der ›Adler‹ von 1835, der ersten deutschen Eisenbahn; sie fuhr auf der Strecke Nürnberg–Fürth. Betriebszeiten sind von April bis Oktober. Hier steht auch ein **Denkmal** für den Görlitzer Kaufmann und Rassegeflügelzüchter Robert Oettel (1798–1884), Begründer des ersten Hühnerologischen Vereins in Deutschland. 1858 zählte dieser deutschlandweit etwa 1300 Mit-

Ingenieurskunst in formvollendeter Ästhetik: das Neißeviadukt

glieder. Das Denkmal wurde 1901 eingeweiht. Auf einem großen Granitstein sieht man das Abbild des Geehrten, neben ihm steht ein stolzer Hahn. Am Sockelfuß sind zwei große Bronzereliefs eingelassen. Das linke zeigt Gänse und Enten, das rechte Hühner und Truthähne. 1852 ging am Görlitzer Fischmarkt auf Betreiben Oettels die erste deutsche Brutanstalt für Geflügel in in Betrieb.

Neißeviadukt

Auf dem Inselweg gelangt man vom Oettel-Denkmal hinunter zum imposanten Neißeviadukt. Es besteht aus Sandstein und Granit, ist 475 Meter lang, 35 Meter hoch und besitzt 30 Bögen. Es wurde von 1844 bis 1847 unter Regie des Görlitzer Bauunternehmers und Maurermeisters Gustav Kießler errichtet, war eines der ersten in Deutschland und gehört zweifellos zu den großartigen Pionierleistungen der deutschen Eisenbahngeschichte. Von Wehrmachtsverbänden 1945 gesprengt, erfolgte der Wiederaufbau in den Nachkriegsjahren durch polnische Bauarbeiter.

Weiter auf dem asphaltierten Neißeradweg flussabwärts gelangt man zur nahen **Obermühle** mit kleinem Brauhaus.

Ein Ausflug zur Landeskrone

Die Landeskrone überragt mit ihren 420 Metern die Neißestadt. Ihren treffenden Namen erhielt sie von einem einstigen Besitzer, dem im Mittelalter aus dem Rheinland eingewanderten Feudalgeschlecht derer von Landskron.

Der Görlitzer Hausberg entstand vor etwa 30 Millionen Jahren als Vulkan. Er besteht bis zur Mitte aus Granit, die eigentliche ›Krone‹ aber ist aus Basalt. Letzterer besitzt einen hohen Eisendioxidgehalt, weshalb er für Bauzwecke nicht geeignet ist und vom Abbau glücklicherweise verschont blieb. Eine weitere Besonderheit: Eine Kompassnadel spielt an mehreren Punkten des Gipfelareals verrückt, so an der Nordseite des kleinen Aussichtsturms.

Anfangs war der Berg vor allem militärstrategisch interessant. In der frühen Eisenzeit flüchteten die Bewohner umliegender Siedlungen bei drohenden Raubzügen auf den Gipfel, da ein Ringwall und der damalige Urwald guten Schutz boten.

Die slawische Befestigungsanlage Businec und die spätere deutsche Burganlage wurde zwischen dem 9. und dem 13. Jahrhundert mehrmals ausgebaut und

Die Landeskrone, der Hausberg von Görlitz

▲ Karte S. 89

Der Aufstieg zur Landeskrone

erweitert, später aber geschleift. Trotzdem war das Gipfelareal bis zur Mitte des 19. Jahrhunderts in der Hand der Militärs, die hier eine Artilleriestellung unterhielten. Der Wald wurde regelmäßig abgeholzt, in Friedenszeiten nutzte man die Wiesen als Schafweide. 1796 erbauten Heimatfreunde den noch heute erhaltenen massiven Aussichtsturm, 1844 eröffnete das erste Berggasthaus. An einen Besuch von Theodor Körner am 12. August 1809 erinnert ein noch heute erhaltenes **Denkmal** unterhalb des Berggasthauses an der Fahrstraße.

Vom Stadtzentrum gelangt man mit der Straßenbahnlinie Nr. 2 (Endhaltestelle Biesnitz) an den Fuß der Landeskrone. Von hier folgt man der Markierung blauer Punkt, vorbei am Gasthof Kulmbacher Postillion und einem großen Klinkerbau. Es folgt der untere Aufstieg bis zur ›Gürtellinie‹ über 107 Stufen, den prächtige, 1844 angepflanzte Linden säumen. Wenn die Fahrstraße auf halber Höhe erreicht ist, muss man sich entscheiden: Die bequemste Route verläuft linker Hand auf der schmalen Fahrstraße. Botanisch, geologisch oder archäologisch interessierte Besucher werden dagegen halbrechts auf dem Naturlehrpfad (Nordweg) nach oben streben. Sportlicher ist der ›Zickzackweg‹, der mittig auf den Gipfel führt.

Unterhalb des Gipfelareals werden die dunklen, bis zu einem Meter starken **Basaltsäulen** sichtbar. Der aufmerksame Naturfreund findet hier eine Vielzahl seltener Pflanzen, das 55 Hektar große Gebiet steht seit 1953 unter besonderem Schutz.

Auf dem Gipfel laden **Berggasthof** und **Burghotel** ein. Vom kleinen **Aussichtsturm** eröffnet sich ein weiter Rundblick auf Görlitz, die Königshainer Berge, das Lausitzer Bergland und das Zittauer Gebirge. Bei guter Fernsicht sind Iser- und Riesengebirge zu erkennen. Im Lausitzer Wanderbuch von 1923 schwärmt der Verfasser: »Ein prachtvoller Rundblick auf über 200 Berge und über 200 Dörfer, Städte und Städtchen (bei klarem Wetter Fernsicht bis nach Glogau) belohnt den Wanderer«.

EXTRA

Die Griechen in Görlitz

Auf dem Städtischen Friedhof am deutschen Ufer der Neiße stehen noch fünf Grabsteine mit griechischen Inschriften. Etwa 400 historische Gräber gibt es in ganz Deutschland, allein in Görlitz fanden 133 Hellenen ihre letzte Ruhe.

Die griechische Regierung war seit Ausbruch des Ersten Weltkrieges gespalten: König Konstantin I., verheiratet mit Sophia, der Schwester des deutschen Kaisers, liebäugelte mit den Mittelmächten, übte sich aber in Neutralität. Premierminister Eleftherios Venizelos trat dagegen offen für einen Anschluss an die Entente auf, weil ihm das Bündnis im Fall eines Sieges über die Mittelmächte Grenzverschiebungen zugunsten Griechenlands versprach. Im Sommer 1916 erfassten Kampfhandlungen die nordgriechische Grenze zu Ostmakedonien. Bulgarische Verbände sowie Truppen der Entente missachteten die Neutralität. Das unter Kommandant Oberst Johann Chatzopoulos stehende 4. Armeekorps geriet in einen Kessel und drohte bei Kavala aufgerieben zu werden oder in bulgarische Gefangenschaft zu geraten. Nach Athen hatte die Armeeführung keinen Kontakt, und daher wandte sich Chatzopoulus an Feldmarschall Paul von Hindenburg und bat für seine Truppe bis zum Kriegsende um Asyl in Deutschland. Der Bitte wurde entsprochen. Da sich Griechenland noch immer neutral verhielt, wurde den Militärangehörigen eine ehrenhafte Kapitulation sowie der Status von Gastgefangenen angeboten. Die Stadt Drama besaß einen Bahnanschluss Richtung Deutschland. Von hier beförderten im September 1916 zehn Züge 6100 Soldaten, 430 Offiziere, 95 Offiziersfrauen, fünf Kinder sowie die gesamte Ausrüstung in zwölf Tagen an die Lausitzer Neiße. Am Görlitzer Bahnhof wurden die Ankommenden von der Bevölkerung freudig begrüßt, und unter den Klängen der griechischen Nationalhymne marschierte die Truppe in eine Kaserne in Ost-Görlitz. Unter den knapp 200 deutschen Gefangenenlagern während des Ersten Weltkrieges blieb das in Görlitz das einzige mit einem exterritorialen Status. Offiziere konnten sich auch privat einmieten, die Soldaten durften sich frei bewegen, mussten aber die Nacht in der Kaserne verbringen. Die Militärführung bekam weiterhin ihren Sold ausbezahlt. Die einfachen Militärangehörigen erhielten 15 bis 20 Pfennig pro Tag, die deutschen Behörden förderten aber eine zivile Berufsausbildung, so als Schuster oder Schneider, damit die Soldaten ihre Ausrüstung reparieren konnten. Von 1916 bis 1919 gab es sogar eine griechische Tageszeitung in Görlitz, die ›Nea Toy‹. Es wurde eine kleine orthodoxe Kirche gebaut, die medizinische Versorgung war in einem eigenen Krankenhaus unter deutscher Regie gesichert. Weil die arbeitsfähigen deutschen Männer an den Fronten kämpften, machten sich die Griechen allseits beliebt. Freundschaften wurden geknüpft, Verlobungen und Hochzeiten gefeiert, erste Kinder aus deutsch-griechischen Ehen geboren. Griechen eröffneten Geschäfte, Restaurants und Tabaklädchen. Aber Mitte 1917 endete die scheinbare Idylle plötzlich: Der griechische König war vom Thron gestoßen worden und die Regierung Venizelos erklärte den Mittelmächten – und damit Deutschland – den Krieg. Die Gastgefangenen mussten sich nun entscheiden, entweder als normale Kriegsgefangene behandelt zu werden oder auswärts zu arbeiten. Etwa 5000 Soldaten wollten arbeiten und wurden insbesondere auf das Ruhrgebiet verteilt. Als zum Ende des Ersten Weltkrieges das wirtschaftlich-politische Chaos ausbrach, kehrten die meisten zurück nach Görlitz. Viele Griechen sympathisierten mit den Spartakus-Aufständischen. Als Behörden und Militärs eingriffen, verließen die Griechen das Görlitzer Lager und flohen mit Schiffen über die Donau, andere über das italienische Fiume in ihre Heimat; einige Hundert aber blieben an der Lausitzer Neiße. Als sich die Lage im Februar 1919 beruhigte, traten weitere Griechen mit ihren deutschen Ehefrauen und Kindern die Heimreise an. Die Bevölkerung verabschiedete sie herzlich. Von den 7000 Griechen, die einst nach Görlitz gekommen waren, blieben etwa 200 dauerhaft. 1921 gründete sich der griechische Verein Görlitz, 1923 zählte man in Görlitz 15 griechische Geschäfte und Gewerbe. Fast alle, die blieben, gründeten Familien; 2013 lebten noch etwa 40 Nachfahren in Görlitz und Umgebung. Sie tragen Familiennamen wie Apostolidis, Balomatis, Basiotis und Papageorgius.

Eine Fortsetzung dieser ungewöhnlichen Geschichte gab es nach dem Zweiten Weltkrieg: In den Jahren 1946 bis 1949 gewährte die polnische Regierung knapp 15 000 Griechen politisches Asyl. Sie hatten im griechischen Bürgerkrieg auf Seiten der Kommunisten gekämpft und sahen sich nach deren Niederlage zur Flucht gezwungen. Etwa 9000 Anhänger des kommunistischen Widerstandes fanden in Zgorzelec und Umgebung schließlich eine sichere Bleibe. In den 1950er Jahren galt die Neißestadt daher als kleine ›Griechische Republik‹. 1975, nach dem Ende der Militärdiktatur, schlossen Polen und Griechenland ein Abkommen, so dass die Exil-Griechen wieder in ihre alte Heimat zurückkehren konnten. Heute erinnern die kleine Neißepromenade ›Bulwar Grecki‹, ein kleines griechisch-orthodoxes Kirchlein auf dem Töpferberg sowie das alljährliche griechische Kulturfest an diese Epoche.

Am Griechischen Boulevard in Zgorzelec

Zgorzelec

Zgorzelec am östlichen Ufer der Neiße, heute eine selbständige Stadt mit rund 32 000 Einwohnern, war bis 1945 ein Stadtteil von Görlitz, die sogenannte Neißevorstadt.

Geschichte

Ost-Görlitz war anfangs nur ein Dorf, in dem vor allem Handwerker und Lohnarbeiter lebten. Das änderte sich erst mit der Gründerzeit um die Wende zum 20. Jahrhundert, als auch hier wie am westlichen Ufer viele neue Stadtwohnungen entstanden. Görlitz war eine bedeutende Garnisonsstadt, die meisten Militärangehörigen waren in Ost-Görlitz in drei Objekten stationiert: Rote Kaserne (später Courbièrekaserne), Kleistkaserne und Winterfeldkaserne. Alle existieren Anlagen noch, werden heute aber zivil genutzt.

Ab 1940 füllte sich am südlichen Stadtrand ein großes Lager für Kriegsgefangene (Stalag VIII A). Hier waren bis zu 50 000 Soldaten und Offiziere aus Belgien, Großbritannien, Jugoslawien, Polen und Russland zusammengepfercht. Etwa 15 000 Tote waren am Ende zu beklagen. Nach dem Zweiten Weltkrieg fand ein Bevölkerungsaustausch statt: In die von Deutschen verlassenen Wohnungen zogen Vertriebene aus den ehemaligen polnischen Ostgebieten, die in die Ukraine und damit in die Sowjetunion einverleibt wurden.

Zgorzelec wuchs von Anfang an als multikulturelle Stadt, in der neben Polen auch Albaner, Ukrainer und Rumänen eine neue Heimat fanden. In den Jahren 1946 bis 1949 gewährte die polnische Regierung etwa 15 000 Griechen politisches Asyl (→ Extra S. 110). In den ersten Jahren zehrte die Stadt von der deutschen Bausubstanz, erst in den 1970er Jahren begann mit dem weiteren Bevölkerungszuwachs auch der Neubau von Platten-

Neubauten nach historischem Vorbild am Plac Pocztowy

▲ Karte: vordere Umschlagklappe

wohnungen und Hochhäusern. Ästhetik spielte damals wie auch in der DDR nur eine untergeordnete Rolle.

Dank des zwischen der DDR und Polen vereinbarten visafreien Grenzverkehrs kam es 1971 zu einer ersten zaghaften Annäherung zwischen Görlitz und Zgorzelec. Im Sommer 1981 gewann die polnische Gewerkschaftsbewegung Solidarność (Solidarität) immer mehr Unterstützer. Die Reisefreiheit für DDR-Bürger gen Osten wurde abrupt beendet. Die SED-Führung war verängstigt und befürchtete ein Überspringen politischer Unruhen. In der Folgezeit herrschte bis zur Wende im Herbst 1989 zwischen den angeblichen Brüdervölkern in Wahrheit eine Eiszeit.

Ab Anfang der 1990er Jahre entwickelte sich europäische Normalität. Heute kann man das östliche Neißeufer auf zwei Brücken erreichen, über die Stadtbrücke und seit 2004 auch über die neuerbaute Altstadtbrücke zu Füßen der St.-Peter-und-Paul-Kirche. Deutsche nutzen das noch immer für sie vorteilhafte Währungsgefälle und kaufen hier vor allem günstig Nahrungs- und Genussmittel, tanken oder gehen zum Friseur. Das größte Einkaufszentrum ist der Auchan-Markt am nordöstlichen Stadtrand nahe dem Zubringer zur Autobahn nach Wrocław. Aber auch Polen bummeln gern durch die Görlitzer Einkaufsstraßen. Mehr junge Polen als Deutsche besuchen in der jeweils benachbarten Seite den Kindergarten oder eine Schule. Viele Polen haben seit der Öffnung des EU-Binnenmarktes in Görlitz einen neuen Job gefunden, vor allem im Gastgewerbe, und pendeln zwischen den Ufern der Neiße. Die meisten fahren aber in die etwa 20 Kilometer südlich gelegen Orte Turów und Bogatynia zur Arbeit. Hier sind ein großes Braunkohlekraftwerk und die dazugehörigen Tagebaue in Betrieb.

Sehenswürdigkeiten

Seitdem die Altstadtfußgängerbrücke wieder beide Neißeufer verbindet, ist es nur ein Katzensprung von der St.-Peter-und-Paul-Kirche auf Görlitzer Seite, vorbei an der Vierradenmühle, zur **Dreiradenmühle** in Zgorzelec. Dabei kann man gleich eine der schönsten Görlitz-Ansichten erleben: von der polnische Seite auf die Silhouette am anderen Ufer. Jetzt tut sich auch am Fuße des Plac Pocztowy (Postplatz, ehem. Töpferberg) entlang des polnischen Neißeufers einiges: Alte Bürgerhäuser zeigen sich in frischen Farben, Neubauten passen sich dem historischen Stil an. So steht nahe der Brücke die Kopie einer kursächsischen Postsäule. Es bummelt sich hübsch an der Neiße, seitdem hier Restaurants, Galerie und Museen (Jacob-Böhme-Gedenkstätte und Lausitzmuseum) eröffnet wurden.

■ Ulica Daszyńskiego

Die kopfsteingepflasterte ul. Daszyńskiego ist Einbahnstraße und wenig befahren. Bis zum Bau des Eisenbahnviaduktes (1847) und der Eröffnung der Reichenbacher Brücke (heute Stadtbrücke/Brücke Johannes Paul II.) verlief hier auf der historischen Route der via regia der gesamte Verkehr zwischen beiden Stadtteilen, denn die damalige Altstadtbrücke war der einzige Übergang für schwere Lasten. Wegen der unmittelbaren Nähe zur Neiße siedelten sich hier vor allem Färber, Gerber und Tuchmacher an. Ab 1433 ist der Name ›Am Weinberge‹ dokumentiert, dann hieß die Straße Rabengasse und von 1862 bis 1945 Prager Straße. In der Rabengasse 12, einem kleinen, heute rotbraun getünchten Handwerkerhaus, lebte von 1599 bis 1610 der ›Schusterphilosoph‹ Jacob Böhme, einer der Wegbereiter der klassischen deutschen Philosophie (→ Extra S. 116). Er erwarb das Gebäude nach Schuhmacherlehre, Wanderschaft und Gesellenzeit. Die Fassade wandelte sich nach mehreren Stadtbränden. 1924, im 300. Todesjahr von Böhme, wurde dort eine kleine Gedenkplatte angebracht: Eine Hand durchbricht die Wolkendecke und hält drei glockenförmige Blüten. Darunter ist zu lesen: ›In diesem Haus wohnte Jakob Böhme von 1599 bis 1610‹. Neu ist die vergoldete Büste. In dem Haus ist heute die **Jacob-Böhme-Gedenkstätte** beheimatet. Im ersten Stock wurde eine kleine Schusterstube aus jener Zeit nachempfunden, auf mehreren Infotafeln (auch auf Deutsch) erfährt der Besucher Hintergründiges zu Leben und Werk. Die Räume im Erdgeschoss und zweiten Stock sind bislang wechselnden Fotoausstellungen vorbehalten.

Im benachbarten **Lausitzmuseum** ist die Dauerausstellung ›Oberlausitzer Stube des 18. und 19. Jahrhunderts‹ zu sehen.

Die Jacob-Böhme-Gedenkstätte

Kulturhaus

In etwa 20 Fußminuten kommt man von der Altstadtbrücke, immer die Neiße aufwärts, zum heutigen Kulturhaus. Als ›Ruhmeshalle‹ wurde der imposante Bau von 1898 bis 1902 nach Plänen des Architekten Hugo Behr als Denkmal für den Reichsgründer Kaiser Wilhelm I. sowie zum ewigen Lob des siegreichen deutsch-französischen Krieges 1870/71 erbaut. Die Kuppel mit Kaiserkrone ist der **Kuppel** des Berliner Reichstags nachempfunden.

Den Haupteingang flankieren zwei **Figurengruppen**, Krieg und Sieg. Darüber versinnbildlichen Reliefs die Grausamkeit der Gemetzel und die Gnade des Friedens. Am 28. November 1902 erschien Kaiser Wilhelm II., Enkel des Reichsgründers, persönlich zur Einweihung; er war eigens per Sonderzug aus Berlin angereist. Beherrscht von einer mächtigen zentralen Kuppelhalle im wilhelminischen Zeitgeschmack, befanden sich die Standbilder der Regenten Kaiser Wilhelm I. und seines Sohnes Friedrich III. vor dem Sonnenmosaik. Zeitgenössische Fotos in der ersten Etage aus den Jahren 1900 bis 1930 geben einen kleinen Eindruck vom einstigen Kaiser-Friedrich-Museum und der Gemäldegalerie. Während des Zweiten Weltkrieges wurden die Sammlungen ausgelagert, seitdem sind sie verschollen. Die deutschen Inschriften sind nach 1945 überputzt worden, die Standbilder wurden demontiert und verschwanden.

Die einstige Ruhmeshalle, heute Kulturhaus

▲ Karte: vordere Umschlagklappe

1950 wurde hier der Vertrag über die Unverletzlichkeit der Oder-Neiße-Grenze von Vertretern der DDR und Polens unterzeichnet, heute wird die Halle für Wechsel- und Verkaufsausstellungen genutzt und ist zumeist frei zugänglich.

Stellmacherhaus

Wie in Ostbrandenburg und Nordostsachsen gräbt man auch in der polnischen Oberlausitz nach Braunkohle, vornehmlich in der grenznahen Gegend um Bogatynia (Reichenau). Auch hier werden Bewohner umgesiedelt, ihre Häuser abgerissen. Das Stellmacherhaus (Zagroda Kołodzieja) aus Wigancice Żytawskie (Weigsdorf) konnte aber gerettet werden. Als wertvolles Beispiel der Oberlausitzer Volksarchitektur ›wanderte‹ es, in Einzelteile zerlegt und sorgsam wiederaufgebaut, an den nordöstlichen Stadtrand von Zgorzelec, nahe dem Auchan-Einkaufsmarkt und Richtung Autobahn. Nun zeigt sich das Umgebindehaus von 1822 in alter neuer Pracht. Und das beste daran: Die Besitzer Elzbieta und Jerzy Gotthardt haben die Türen weit geöffnet, als Gasthaus und Pension können alle Besucher das Haus auch von innen bestaunen. Für die Gäste stehen zwei Räume zur Wahl, die urige **Blockhausstube** mit funktionstüchtigem verchromten Herd aus den 1930er Jahren und ein kleiner **Gewölbesaal**. Unter dem großen vierstöckigen Mansarddach befinden sich die Gästezimmer. Die vorbildliche Denkmalpflege fand grenzüberschreitende Beachtung, 2006 erhielten die Besitzer den begehrten Umgebindehauspreis. Das alleinstehende Stellmacherhaus wurde mit einem modernen Anbau versehen, was die einstige Idylle etwas trübt. Zwar wuchsen in der Nähe weitere kleinere Wohnhäuser nach historischem Vorbild, aber neue riesige Hallenbauten verschandeln im Hintergrund die Szenerie jetzt maßgeblich. Leider hat auch die Qualität der Speisen etwas nachgelassen, dafür stiegen die Preise.

Im Stellmacherhaus

Die **Lindenallee** wurde jüngst gepflastert. Fahrradfahrer und Spaziergänger kommen aus Richtung Altstadtbrücke auf dem kürzesten Weg hierher, wenn sie nach dem Bahnübergang (Strecke Zgorzelec–Wegliniec) nach links abbiegen.

Konzerthaus Meetingpoint Music Messiaen

Am südlichen Stadtrand, an der ehemaligen Seidenberger Straße (heute ul. Łużycka), wurde zum Frankreich-Feldzug ein Lager für Kriegsgefangene (Stalag VIII A) eingerichtet. Prominentester Insasse war der französische Musiker Olivier Messiaen. Er erhielt vom deutschen Offizier Carl-Albert Brüll Notenpapier und Bleistifte und durfte in einem separaten Raum in der Theaterbaracke komponieren. Am 15. Januar 1941 fand im Lager die Uraufführung des ›Quartetts für das Ende der Zeit‹ statt. Genau 74 Jahre später wurde hier das moderne Konzerthaus Meetingpoint Music Messiaen mit der Wiederaufführung des Messiaen-Quartetts eröffnet. Gleichzeitig dient das multifunktionale Haus als Europäisches Zentrum für Bildung und Kultur.

EXTRA

Der große Geist von Görlitz – Jacob Böhme

Heute spricht man über seine weltberühmten Zeitgenossen Galileo Galilei oder Johannes Kepler, von Jacob Böhme ist dagegen nur selten die Rede. Kaum jemand weiß um die Bedeutung seines Schaffens, den meisten ist sogar der Name unbekannt. Dabei bezeichnete ihn Friedrich Hegel als den ›ersten deutschen Philosophen‹. Jacob Böhme wurde 1575 in Alt-Seidenberg (heute Zawidów in Polen), südlich von Görlitz, als Sohn eines Freibauern geboren. Er war ein schwächlicher, empfindsamer Knabe. Die Eltern bemerkten bald, dass er für die Arbeit eines Bauern nicht zu gebrauchen war. Sie schickten ihn in die Schule nach Seidenberg, später in eine dreijährige Schusterlehre. Nach seiner zweijährigen Wanderzeit ließ sich Böhme in Görlitz nieder, wo er die Meisterrechte bekam und in die Schuhmacherzunft aufgenommen wurde. Noch im selben Jahr heiratete er die Bürgerstochter Katharina Kuntzschmann, was ihm etwas Wohlstand und Ansehen brachte. Das Paar bekam rasch drei Söhne, später noch einen vierten. Bereits bei der Geburt seines ersten Sohnes im Jahr 1600 erlebte er eine geistige Vision. Erst Jahre später beschrieb er diese ›Erleuchtung‹ mit den Worten: » ... ist mir die Pforte eröffnet worden, dass ich in einer Viertelstunde mehr gesehen und gewusst habe, als wenn ich wäre viel Jahr auf hohen Schulen gewesen... «

Böhme zweifelte an der überlieferten Schöpfungslehre. Obwohl er keinerlei akademische Vorbildung besaß, schrieb er 1612 sein erstes Werk ›Aurora oder die Morgenröte im Aufgang‹. Ursprünglich hatte er nicht vor, diese Schrift zu veröffentlichen. Doch Freunde kopierten die Handschrift und verbreiteten sie weiter. Der Görlitzer Oberpfarrer Gregor Richter erfuhr von dieser Schrift, eine Kritik an der damaligen Kirche. Er hielt das Werk für unchristlich. So wurde Böhme über Nacht vom friedlichen Bürger zum Unruhestifter. Sein Buch wurde beschlagnahmt und Böhme verpflichtet, seine Erkenntnisse nicht weiter unters Volk zu bringen. Aber er konnte und wollte sein Versprechen nicht einhalten. 1619 erschien ein weiteres Buch über die drei Prinzipien des göttlichen Wesens, 1623 die Schrift ›Der Weg zu Christus‹. Es ging um grundsätzliche Fragen der Religions- und Glaubensfreiheit. Schließlich musste Böhme Görlitz 1624 verlassen, weil er der Ketzerei bezichtigt wurde. In Dresden traf er auf einen Theologen, der ihm zuhörte. Bei einem großen wissenschaftlichen Streitgespräch konnte er seine Thesen verteidigen und wagte daher die Rückkehr nach Görlitz. Doch wieder wurde er verklagt. Noch während er im November 1624 im Sterben lag, musste er sich einem Glaubensverhör der Kirche unterziehen, die ihm eine kirchliche Bestattung nur widerwillig gewährte. »Nun fahre ich hin ins Paradies«, waren seine letzten Worte. Wenige Tage nach seiner Beerdigung wurde sein Grab auf dem Nikolaifriedhof verwüstet.

Noch zu Lebzeiten wurden seine Schriften in weiten Teilen Europas bekannt, vor allem in Holland, England und Russland. Er inspirierte auch solche Geistesgrößen wie Isaac Newton und den polnischen Romancier Adam Mickiewicz. Zeit seines Lebens trat Böhme gegen Engstirnigkeit und für ein freies selbstbewusstes Denken ein. Seine Texte sind voller lebendiger Tiefe, wenn auch nicht immer leicht verständlich. Der Grundgedanke von Böhmes Philosophie ist, dass alles im Widerspruch lebt, Gutes wie Böses. Zeitlos sind Böhmes Mut und seine Geradlinigkeit. Er stellte die Fragen nach einer menschenwürdigen Gesellschaft, nach einem schöpferischen Verhältnis zur Natur. Er sah die Natur als sein Lehrmeister an. Jacob Böhme lebte in einer Zeit, in der das Wissen über unsere Welt geradezu explodierte. Die Religion wurde nicht mehr gebraucht, um die Welt zu erklären. Stattdessen gab es ständig neue Entdeckungen in den Bereichen Physik, Astronomie und Medizin.

Wer sich mit den von Böhme hinterlassenen Fragen und Gedanken beschäftigt, wird sich womöglich verändern, stellt – nachdenklich geworden – auch die angebliche Alternativlosigkeit vieler gesellschaftlicher (Fehl-) Entwicklungen unserer Tage in Frage. So kann das zur heiligen Kuh erklärte immerwährende ökonomische Wachstum in einer begrenzten Welt auf Dauer nicht funktionieren. Auch die gegenwärtige Umverteilung des gesellschaftlichen Reichtums von unten nach oben, in einer Art und Weise, wie es die Welt noch nie erlebt hat, kann in keine friedliche Zukunft münden. Ein Jacob Böhme unserer Tage hätte es vermutlich ebenso schwer wie zu Lebzeiten, gehört zu werden.

Wer sich Böhme weiter annähern möchte, dem sei ›Morgenröte im Aufgang – Hommage à Jacob Böhme‹ (2015) von Regisseur Ronald Steckel empfohlen. Dies ist kein biographischer Dokumentarfilm mit Zeitkolorit, sondern ein filmisches Poem, in dem Jacob Böhme, vom Darsteller Klaus Weingarten ikonographisch als ›Der schreibende Mann‹ verkörpert, in seinen eigenen Worten zu uns spricht: » ... das Buch, da aller Heimlichkeit innen lieget, ist der Mensch selber ... «. Alle Texte des Films gehen auf den Wortlaut der 1730 veröffentlichten Gesamtausgabe der Schriften Jacob Böhmes zurück. Es ist ein Film der danach strebt, Wahrheit erfahrbar zu machen.

Ein lebensgroßes **Denkmal von Jacob Böhme** versteckt sich auf deutscher Seite hinter Bäumen und Sträuchern im kleinen Park des Friedens südlich der Zufahrt zum Grenzübergang Stadtbrücke. Hier sitzt er nachdenklich, in ein Buch vertieft. Zu seinen Füßen liegt ein Stiefel.

Szenenfoto aus dem Spielfilm ›Morgenröte im Aufgang‹ (2015)

»Willkommen in der Stadt, die für viele die schönste Deutschlands ist.«

(Görlitz/Zgorzelec Europastadt)

Das Ratscafé am Untermarkt

GÖRLITZ - INFORMATIONEN

Allgemeine Informationen

Vorwahl: 03581.
Vorwahl Zgorzelec: 0048/(0)75.
Görlitz-Information & Tourist-Service, Obermarkt 32, Tel. 47570. www.goerlitz.de. Viele Themen-Stadtrundgänge, darunter: Historische Altstadt, Hallenhausführung, Sagenspektakulum, Rundgang mit dem Stadtwächter, von April bis Anfang Dezember an ausgewählten Sonnabenden ›Film ab!‹ (Görlitz als berühmter Filmdrehort). www.goerlitz.de
Touristbüro i-vent, Obermarkt 33/Ecke Brüderstraße, Tel. 421362, www.goerlitz-tourismus.de. Stadtrundgänge, Übernachtungsservice, Tagesausflüge, geführte Rad- und Wandertouren, sehr gutes Karten- und Reiseführerangebot.
Förderverein Kulturstadt Görlitz-Zgorzelec (FVKS), Untermarkt 23, Tel. 7678350. www.turmtour.fvks.eu, www.zgorzelec.eu

Infos für Behinderte/ Mobilitätseingeschränkte:

Behindertenparkplätze auf Ober- und Untermarkt sowie **Behinderten-WC** in der Apothekergasse, beides barrierefrei über Fußgängerzone erreichbar.
Sehenswürdigkeiten, Service und Verwaltung: www.goerlitz.de/goerlitz_barrierefrei.html.

Banken und Wechselstuben

Bankfilialen:
Sparkasse, Berliner Str. 64 (in der Nähe des Postplatzes).
Deutsche Bank, Demianiplatz 10.
Commerzbank, Berliner Str. 53.
In Zgorzelec können Sie Złoty am günstigsten an Geldautomaten ziehen. Dabei beachten, dass Sie im Dialogfeld ›Umtausch ohne Umrechnung‹ wählen – ansonsten werden Bankgebühren fällig! Auch in Wechselstuben (kantor) bekommen Sie Złoty. In Restaurants oder beim Friseur akzeptiert man auch Euro.

Post

Hauptpost, Postplatz 1, Mo–Fr 8–18.30, Sa 9–12 Uhr.

Freies WLAN

Obermarkt, Untermarkt (rechte Seite Richtung Neißstraße), Infoterminal Brüderstraße und Altstadtbrücke (max. 60 Min./Tag).

Karten, Bücher, Medien

Von Montag bis Samstag erscheint die ›Sächsische Zeitung‹ mit einem Görlitzer Regionalteil. Die Zeitschrift ›Schlesien heute‹, mit Beiträgen auch über Görlitz, erscheint monatlich im Görlitzer Senfkorn Verlag. www.schlesien-heute.de.

An- und Abreise

Görlitz ist gut auf der Schiene, mit dem Bus oder Auto zu erreichen. Per Fahrrad kommen viele Gäste auf dem populären Oder-Neiße-Radweg durch Görlitz.

Mit der Bahn

Stundentakt nach Berlin mit Umsteigen in Cottbus. Viele Verbindungen nach Dresden über Löbau und Bautzen. Stündlich über Ostritz nach Zittau mit Anschlüssen nach Liberec (Reichenberg). Tgl. über den Tag verteilt verkehren mehrere Züge nach Wrocław (Breslau) mit Umsteigen im benachbarten Zgorzelec oder in Weglinec (Kohlfurt) sowie sechs Direktverbindungen nach Jelenia Góra (Hirschberg).
Reisende aus Richtung Berlin können sparen, wenn sie den vbb- oder DB-Fahrschein nur bis Spremberg lösen. Ab Spremberg gilt der günstigere ZVON-Tarif. Die Tageskarte Spremberg–Görlitz und zurück kostet 13,50, für zwei Personen 22 Euro (ca. 2 Euro Rabatt per Handyticket). Das DB-Sachsen-Ticket wird auf allen ZVON-Strecken anerkannt. Wer auch nach Zgorzelec möchte, kauft das Euro-Neiße-Ticket (16 bzw. 24 Eu-

Abfahrt aus Görlitz

ro für 2 Pers.) , dieses gilt grenzüberschreitend. Die ZVON-Tageskarten sind auch in Bus und Straßenbahn gültig.
Gleiches gilt für Reisende aus Richtung Dresden nach Görlitz, die Tarifgrenze befindet sich hier in Bischofswerda. Achtung: Die ZVON-Fahrkarten können Sie immer zuschlagfrei an Ihrem Platz kaufen, ohne sich vorher beim Zugbegleiter melden zu müssen (wie etwa bei der DB). Fahrradfahrer werden unverhältnismäßig abkassiert. Auch wer bspw. eine vbb-Fahrradtageskarte vorweisen kann, muss zusätzlich im ZVON-Bereich eine weitere für derzeit 3,50 Euro zahlen. **Infos**: www.zvon.de

Mit dem Bus

Nach Görlitz u.a. von Rothenburg O/L, Niesky, Weißenberg, Reichenbach O/L, Löbau und Zittau. Vor dem Bahnhof verkehrt die Stadtlinie P nach Zgorzelec (Endhaltestelle Einkaufscenter Carrefour).
Flixbus ab Busbahnhof Bahnhofstr./Ecke Salomonstr. von/nach Düsseldorf über Köln, Chemnitz und Dresden. Auch von München mit Umsteigen in Leipzig und Hamburg mit Umsteigen in Dortmund. Viele weitere Verbindungen können Sie sich über die Online-Fahrplanauskunft aussuchen.
Fahrplan und Preise: www.flixbus.de.

Mit dem Auto

Görlitz ist von Dresden auf der A 4 schnell zu erreichen. Aus Richtung Cottbus gelangt man auf der B 115 nach Görlitz.

Unterwegs in Görlitz

Die Altstadt, Nikolaivorstadt und die nördliche Innenstadt sind gut zu Fuß zu erkunden. In die Südstadt und an den Fuß der Landeskrone gelangt man komfortabel mit der Straßenbahn. Nach Zgorzelec steht eine grenzüberschreitende Busverbindung zur Verfügung.

Mit öffentlichen Verkehrsmitteln

(→ *Karte in der hinteren Umschlagklappe)*
Durch Görlitz fahren zwei Straßenbahn- und sechs Stadtbuslinien.
Straßenbahnlinie 2: Königshufen/Am Wiesengrund - Biesnitz/Landeskrone.
Straßenbahnlinie 3: Königshufen/Am Marktkauf - Weinhübel.
Beide Linien bedienen den Bahnhofsvorplatz und Demianiplatz nahe der Altstadt.

Straßenbahn an der Haltestelle Tierpark

Bus P: Görlitz/Bahnhofsvorplatz – Zgorzelec/Carrefour (ganzjährig, nur nicht an Feiertagen). **Info**: www.vgg-goerlitz.de

Mit dem Auto

Görlitz mit dem Auto zu erkunden, ist keine gute Idee, da es vielerorts Einfahr- und Parkverbote gibt.

Nirgendwo , außer in der Bundeshauptstadt Berlin, werden mehr Autos gestohlen als in Görlitz: Pro 100 000 Zulassungen verschwinden hier jährlich etwa 600 Wagen. Das sind 507 Prozent über dem landesweiten Durchschnitt. Wer auf Nummer sicher gehen möchte, stellt seinen Wagen nur auf bewachten Hotelparkplätzen ab. Ansonsten können Sie beruhigt und sicher durch Görlitz und auch Zgorzelec bummeln. Großes Gedränge ist die Ausnahme und so sind Taschendiebstähle eher selten.

Mit dem Fahrrad

Wegen des Kopfsteinpflasters und der teils hohen Absätze auf den Gehwegen ist ein Besuch der Altstadt mit dem Fahrrad nicht zu empfehlen, besser erkundet man die Stadt zu Fuß.

Taxis

Am Bahnhofsvorplatz sowie am Marienplatz stehen Taxen bereit.

Taxi-Funkzentrale Görlitz, Tel. 4008.

Taxi-Hoffmann, Tel. 0170/4375533, www.taxigoerlitz.de. Auch behindertengerechte Beförderung möglich.

Stadtführungen und Rundfahrten

Touristbüro i-vent (s.o.).

Stadtschleicher, Tel. 414163, www.stadtschleicher-goerlitz.de. Im Kleinbus oder im Panoramabus mit Cabrioflair durch Görlitz; aktuelle Fahrpläne je nach Saison auf der Internetseite (s.o.). Treffpunkt Obermarkt am Eingang Dreifaltigkeitskirche.

Görlitz-Tours, Große Wallstr. 1, Tel. 661100, www.goerlitz-tours.de. U.a. Old-timer-Rundfahrten mit dem Škoda-Reisebus ›Heidekäfer‹ mit abnehmbaren Planenverdeck aus dem Jahr 1957 oder im Ostcabrio ›Trabant Kübel‹ sowie Rundgänge mit dem Görlitzer Stadtwächter.

Oldtimer-Stadtrundfahrt im Robur-Bus (Baujahr 1956), Bestellung: Tel. 0172/3564500. www.stadtrundfahrten-goerlitz.de.

Mit der **Pferdekutsche** (April–Okt.), ab Obermarkt (vor Barockhaus), 40 Min., pro Pers. 10 Euro. Bestellung:Tel. 0151-23907948.

Eine Stadtführung am Untermarkt

Unterkünfte (→ *Karte S. 124*)

In Görlitz erwartet Sie eine große Auswahl an komfortablen Herbergen in vielfältigen Stilrichtungen.

Altstadt

1 **Romantik-Hotel Tuchmacher** (€€€), Peterstr. 8, Tel. 47310, www.tuchmacher.de. Vier-Sterne-Hotel in zwei Renaissancebürgerhäusern im Herzen der Altstadt zwischen Untermarkt und St.-Peter-und-Paul-Kirche, Restaurants ›Schneiderstube‹ und ›Tuchmacher Hof‹, Wellness mit zwei Saunen und Whirlpool.

2 **Emmerich Hotel** (€€–€€€), Untermarkt 1, Tel. 766600, https://emmerich-hotel.net. 2014 eröffnetes Haus mit elegant moderner Ausstattung und historischem Touch am Untermarkt. Aus einem der Fenster im Emmerich-Haus sprang Jackie Chan in einen Heißluftballon, um filmisch ›In 80 Tagen um die Welt‹ zu reisen.

3 **Gotikhotel & Restaurant Frenzelhof** (€€–€€€), Untermarkt 5, Tel. 420872, www.frenzelhof.de. Ein typisches Görlitzer Hallenhaus, erbaut um 1500, mit farbig ausgemalter Hauskapelle, neben dem Schlesischen Museum. Abgeschlossener Hotelparkplatz.

4 **Hotel und Gasthof Dreibeiniger Hund** (€€), Büttnerstr. 13, Tel. 423980, www.dreibeinigerhund.de. Barockes Handwerkerhaus in der Altstadt, in den Zimmern Gründerzeit-Mobiliar aus der vorletzten Jahrhundertwende, Kreuzgewölbe im Gasthaus, Holzbalkendecke im heutigen Frühstücksraum, Biergarten. Regionale Küche, hausgemachte Liköre, im Sommer glüht ein Holzkohlegrill, im Winter knistert der Kamin; tgl. 11–22 Uhr.

5 **Hotel Italia Görlitz** (€€–€€€), Obermarkt 28, Tel. 8999050, www.hotelitalia-goerlitz.de. Renaissancehaus mit original bemalten Holzdecken und lateinischen Wandmalereien im Treppenhaus, Frühstücksraum im Kreuzgewölbe. Einige Badezimmer mit Infrarotkabine zum Aufwärmen im Winter. In der benachbarten Brüderstraße 2 befindet sich das etwas preiswertere Altstadthaus unter gleicher Regie mit romantischem Hofgarten. Das Hotel-Arrangement ›Romantik-Rendezvous‹ ist nicht zu empfehlen.

6 **Hotel Zum Klötzelmönch** (€€), Fleischerstr. 3, Tel. 47580, www.kloetzelmoench.de. Stilvolles Haus mit eleganten Zimmern nahe vom Untermarkt.

7 **Hotel Schwibbogen** (€€–€€€), Obermarkt 34, Tel. 8777890, www.hotelschwibbogen.de. Bauherr und Besitzer Hieronymus Schnitter, ein Vertreter des Görlitzer Stadt- und Ratsgeschlechts, wurde von Kaiser Karl V. geadelt. Hausgäste dürfen den erhaltenen Festsaal im ersten Stock mit Renaissancebemalung von 1533 erleben, hier befindet sich heute der Frühstücksraum.

8 **Hotel Börse** (€€€), Untermarkt 16, Tel. 76420, www.boerse-goerlitz.de. Repräsentatives Barockpalais aus dem Jahr 1709 in der Mitte des Untermarkts vis-à-vis dem Flüsterbogen. 14 individuelle Zimmer, teils mit Antikmöbeln eingerichtet.

9 **Herberge Zum Sechsten Gebot** (€€), Rosenstraße 8 (Eingang über Untermarkt 22), Tel. 76420 (Rezeption ist bis 20 Uhr geöffnet, die Anmeldung erfolgt im benachbarten Hotel Börse), www.zumsechstengebot.de. Hierher gelangt man durch den berühmten Flüsterbogen. Der Herbergsname erinnert an die Vergangenheit der Rosenstraße, wo einst käufliche Liebe zu haben war. Alle Mädchen mit angesteckter Rose boten ihre Dienste an. Daher tragen die Zimmer auch die Namen von berühmten Herzensbrechern wie Casanova.

10 **Ferienwohnungen am Untermarkt** (€€), Untermarkt 3, Tel. 730202 und 411789, www.aus-zeit-in-goerlitz.de. Wohnen im Hallenhaus, ein Tuchhändlerhaus von 1535 mit herrlichem Netz- und Kreuzrippengewölbe in der Zentralhalle. Kleinere Wohnungen zum Untermarkt, größere nach hinten.

11 **Paul Otto** (€€–€€€), Tel. 7252982, www.hotelpaulotto.de. Zimmer mit modernem Komfort sowie Stuck- und Holzbalken-

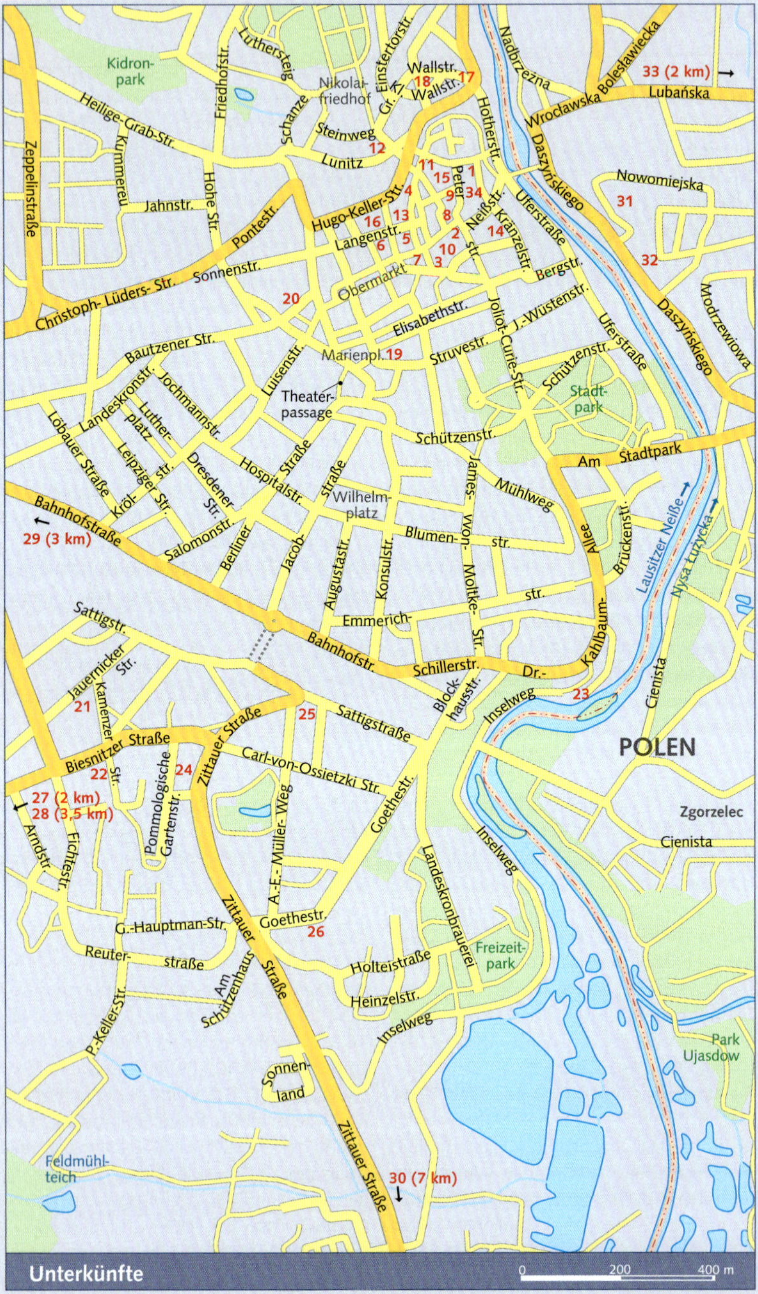
Kidron-
park
Heilige-Grab-Str.
Zeppelinstraße
Kummerau
Jahnstr.
Friedhofstr.
Luthersteig
Nikolai-
friedhof
Schanze
Steinweg
Lunitz
Einsterstorstr.
Gr.
Kl.
Wallstr.
Wallstr.
Hotherstr.
Nadbrzeżna
Wrocławska
Bolesławiecka
Lubańska
33 (2 km)
Daszyńskiego
Nowomiejska
Hohe Str.
Pontestr.
Hugo-Keller-Str.
Langenstr.
Peter
Neißstr.
Kränzelstr.
Uferstraße
Sonnenstr.
Christoph- Lüders- Str.
Obermarkt
Bergstr.
Elisabethstr.
J.-Wüstenstr.
Joliot-Curie-Str.
Modrzewiowa
Bautzener Str.
Marienpl.
Struvestr.
Schützenstr.
Stadt-
park
Luisenstr.
Theater-
passage
Landeskronstr.
Jochmannstr.
Luther-
platz
Löbauer Straße
Leipziger Str.
Dresdener
Str.
Hospitalstr.
Straße
straße
Wilhelm-
platz
Schützenstr.
James-
von-
Moltke-
Str.
Mühlweg
Am
Stadtpark
Bahnhofstraße
29 (3 km)
Kröl-
str.
Salomonstr.
Berliner
Jacob-
Augustastr.
Konsulstr.
Blumen-
str.
Allee
Brückenstr.
Lausitzer Neiße
Nysa Łużycka
str.
Emmerich-
Kahlbaum-
Sattigstr.
Bahnhofstr.
Schillerstr.
Dr.-
Jauernicker
Str.
Kamenzer
Str.
Block-
hausstr.
Inselweg
Cienista
Sattigstraße
Biesnitzer Straße
Zittauer Straße
Carl-von-Ossietzki Str.
POLEN
27 (2 km)
28 (3,5 km)
Pommologische
Gartenstr.
Goethestr.
Arndtstr.
Fichtestr.
A.-E.-Müller-Weg
Inselweg
Zgorzelec
Cienista
Landeskronbrauerei
G.-Hauptman-Str.
Goethestr.
Zittauer
Straße
Reuter-
straße
Am
Schützenhaus
Holteistraße
Freizeit-
park
Heinzelstr.
Inselweg
P.-Keller-Str.
Park
Ujasdów
Sonnen-
land
Feldmühl-
teich
Zittauer Straße
30 (7 km)
Unterkünfte
0
200
400 m

decken und Gewölben, einige Räume mit Dachschrägen. Am Rande der historischen Altstadt, zum Hotel gehört das traditionsreiche Restaurant ›Destille‹ am Nikolaiturm.

12 **Appart.Bog2 Görlitz** (€€), Bogstraße 2, Tel. 8799422, www.bog2.net. Liebevoll eingerichtete Ferienwohnung in historischem Haus in ruhiger Lage. Genießerfrühstück (Zeit frei wählbar), Sauna.

13 **Zaremba** (€€), Büttnerstr. 8, Tel. 764492, mobil 0175/7160292, www.pension-zaremba.de. Ruhige Drei-Sterne-Altstadtpension in einem Barockhaus zwischen Rathaus und Nikolaiturm mit schönen Gewölben in der Eingangshalle und in den Dielen sowie bemalte Holzdeckenbalken. Zimmer mit Stadt- oder Gartenblick. Ein Drei-Bett-Zimmer mit eigener Terrasse.

14 **Pension Goldene Feder** (€€), Handwerk 12, Tel. 6843861, www.pension-goerlitz.de. Das Eckhaus Kränzelstraße/Handwerk stammt vom Anfang des 18. Jahrhunderts, hier lag einst der Federmarkt. Im Dachgeschoss ein großes Studio mit freistehenden Stützen.

15 **Bed & Breakfast N°. 7** (€€), Peterstr. 7. Buchung über Touristbüro i-vent, Obermarkt 33, Tel. 421362 oder: www.traum-ferienwohnungen.de/86466, mobil: 0172/8543191. Vis-à-vis vom Hotel ›Tuchmacher‹ und nahe der St.-Peter-und-Paul-Kirche in einem fotogenen Eckhaus von 1542. Ferienwohnung im Erdgeschoss mit Schlaf- und extra Kinderzimmer für 2–4 Personen. Felsendusche mit Fußbodenheizung. Unterm Dach im 3. Stock loftartige Ferienwohnung für max. 5 Personen.

16 **Antonsches Haus** (€), Langenstraße 43, Tel. 876666, www.pension-zum-antonschen-haus.de. Pension in Nähe des Obermarkts, auch ein einfaches Pilgerzimmer mit WC und Dusche auf dem Gang. Das Gebäude wurde nach Karl Gottlob von Anton benannt, dem Begründer der Oberlausitzischen Gesellschaft der Wissenschaften. Heute gehört das hübsche Barockhaus dem Verein für Diakonie und Stadtmission Görlitz e. V.

Nikolaivorstadt

17 **Zum Hothertor** (€–€€), Große Wallstr. 1, Tel. 661100, www.zum-hothertor.de. Hotel Garni gegenüber der namensgebenden Eckbastion. Schlichte Ausstattung mit Kiefernholzmöbeln. Organisation von Stadtführungen und -rundfahrten.

18 **Am Alten Waschhaus**, GroßeWallstr. 3–6, Tel. 408667, mobil 0160/2827979, https://pension-am-alten-waschhaus.de. Sehr ruhig gelegen. Die ältesten Winkel des Gebäudes stammen von 1642. Daneben befand sich ein öffentliches Waschhaus. Idyllischer Garten, kleiner Laden ›Buch & Blech‹ zum Stöbern.

Nördliche Innenstadt

19 **Akzent Hotel Am Goldenen Strauss** (€€), Struvestr. 1, Tel. 4281810, www.stadthotel-goerlitz.de. Beliebte Drei-Sterne-Herberge mit sehr gutem Preis-Leistungs-Verhältnis hinter einer Jugendstilfassade, zwischen dem ehemaligen Kaufhaus Strauß und dem Dicken Turm.

20 **Alte Seilerei** (€–€€), Demianiplatz 48, Tel. 766201, mobil 0152/25116645, www.alte-seilerei-goerlitz.de. Denkmalgeschütztes Handwerkerhaus aus dem 16. Jahrhundert am Rande der Altstadt mit entzückend-romantischen und farbenfrohen Ferienwohnungen für 2–5 Personen und einem DZ. Nebenkosten für Wäsche, Tücher und Endreinigung 15 Euro. Ruhiger Innenhof.

Südstadt

21 **Best Western Via regia** (€€), Jauernicker Straße 15/16, Tel. 7644330, www.bestwestern.de/hotels/Goerlitz/Best-Western-Hotel-Via-Regia. Vier-Sterne-Haus im Gründerzeitviertel südlich vom Bahnhof (500 m). Für Eltern mit Kindern große Familienzimmer. Kleine Hotelbibliothek, Sauna, Fahrradverleih.

22 **Silesia** (€€), Biesnitzer Str. 11, Tel. 42140, www.hotelsilesia.de. Vier-Sterne-Hotel im Stil der historisierenden Gründerzeit, etwa 600 Meter südlich vom Bahnhof (erreichbar durch den Südausgang). Vor

dem Hotel hält die Straßenbahnlinie Nr. 2. Im Wellnessbereich eine Lehmsalzkristallsteinsauna. Restaurant mit vorwiegend mediterraner Küche.

23 **Pension Brauhaus-Obermühle** (€€), An der Obermühle 5, Tel. 879832, www.obermuehle-goerlitz.de. Aus den Fenstern der Mühlengeist-Zimmer genießt man einen Panoramablick auf das historische Eisenbahnviadukt und die Neiße. Lärm gibt es hier nicht, nur das Wasser rauscht unablässig über das Neißewehr.

24 **Ferienwohnung Pomologische Gartenstraße** (€€), Pomologische Gartenstraße 11. Im Herbst 2020 neu eröffnet (60 Quadratmeter), mit Küche. 100 Meter zum Zoo, gut 1 km in die Altstadt. Mindesmietdauer 2 Nächte, buchbar über booking.com.

25 **Apartment Hermine** (€€), Sattigstr. 15, Tel. 0151/59831559, www.apartment-hermine.com. In einem Jugendstilhaus in Bahnhofsnähe, Bad mit Wanne, gut ausgestattete Küche, Terrasse mit Gartenzugang, wo auch Kinder herumtollen dürfen. Die Altstadt ist in 15 Minuten zu Fuß erreichbar.

26 **Alte Herberge Villa Ephraim** (€), Goethestr. 17, Tel. 406510, www.villa-ephraim.eu. Gästehaus in einer Jugendstilvilla des Görlitzer Kaufmanns und Kommerzienrates Martin Ephraim, der als Jude im KZ Theresienstadt ermordet wurde. Nach dem Krieg Görlitzer Jugendherberge. Moderne Zimmer findet der Gast im neuen Bettenhaus (€€) nebenan. Kostenloser Parkplatz am Haus.

27 **Hotel Burghof** (€€), Promenadenstraße 97, Tel. 750366, www.burghof-goerlitz.com. In einem Gründerzeithaus von 1898 unterhalb der Landeskrone an der Endhaltestelle der Straßenbahn Nr. 2 in Biesnitz. Im Haus auch ein beliebtes Café (tgl. ab 12 Uhr). Die Straßenbahnfahrt in die Altstadt dauert etwa 20 Minuten. Eines der vier DZ mit Südbalkon und Blick zum Isergebirge, ein Apartment mit eigener Terrasse. Abgeschlossener Parkplatz. Kinderspielplatz mit Trampolin. Fahrradverleih.

Schön und ruhig gelegen: die Pension Brauhaus-Obermühle

28 **Berghotel Landeskrone** (€€), Fahrstr. 1, Tel. 74320, www.burghotel-landeskrone.de; Restaurant Jan.–März nur Fr–So ab 11 Uhr, Winterschulferien und Nov.–Dez. Mi–So ab 11 Uhr, April–Okt. tgl. 10–20 Uhr. Die Lage ist phänomenal, das Ambiente einfach und traditionell. Schöne große Sommerterrasse unter alten Bäumen – genau der richtige Ort, um ein frisch gezapftes Landskron zu genießen.

29 **Marschall DuRoc** (€€), Girbigsdorfer Str. 3, Tel. 7344, www.hotelmarschallduroc.de. Mittelklassehotel in Markersdorf. Ganz in der Nähe starb der Vertraute Napoleons, Großmarschall Duroc (→ Geschichte).

30 **Hotel Insel der Sinne** (€€€), Am See 33, Tel. 035822/5540, www.inseldersinne.de. Am Südostufer des Berzdorfer Sees, 12 km bis in die Görlitzer Altstadt. Auch große DZ mit eigenem Seezugang. Hoteleigener Strand mit weißem Sand, Sauna, Wassersportgeräte-Ausleihe. Segeltörn zum Sonnenuntergang buchbar.

Zgorzelec

31 **Pensjonat Miejski** (€), ul. Nowomiejska 1, Tel. (mobil) 0048/888579253, www.pensjonat-miejski.pl. Kleine, sehr beliebte Pension nahe der Altstadtbrücke. Das Gebäude, 2012 eröffnet, knüpft in seiner Architektur an die hiesigen mittelalterlichen

Mietshäuser der Neißevorstadt an. Am Buffet ist ein außergewöhnliches unpasteurisiertes Flaschenbier erhältlich, es behält sein volles Aroma allerdings nur vier Wochen. Die Brauerei Namysłów, gegründet 1321, ist eine der ältesten in Europa.

32 **Hotelik Złota Kaczka** (€), Daszyńskiego 28, Tel. 756408500. In der Neißeuferstraße am Bulwar Grecki, 500 Meter von der Altstadtbrücke nach rechts. Gemütliche kleine Zimmer, sehr gutes Preis-Leistungs-Verhältnis. Mit Restaurant.

33 **Stellmacherhaus**/Zagroda Kołodzieja (€€), al. Lipowe 1 (nahe Autobahn), Tel. 7757770, www.zagrodakolodzieja.pl. Zauberhafte Zimmer (€) in der Pension und Gaststube im Umgebindehaus, durchschnittliche polnische Küche. Tgl. 12–22 Uhr.

Jugendherberge

34 **Europa-Jugendherberge Görlitz Altstadt** (€), Peterstr. 15 (Altstadt), Tel. 6490700, www.goerlitz-city.jugendherberge.de. Im Herzen der Altstadt zwischen Untermarkt und St.-Peter-und-Paulkirche. 42 Zimmer, darunter fünf Familienapartments und vier barrierefreie Zimmer.

Zelt- und Caravanplätze

Camping Rosenhof Görlitz, Geschwister-Scholl-Str. 15, Tel. 74820, www.rosenhof-goerlitz.eu. Am Rande der Südstadt, auch Caravanstellplätze, zur Bus- und Straßenbahnhaltestelle 300 Meter.

Privatparkplatz Hoke, Zittauer Straße 62. Tel. 8787664. Caravan- und Wohnmobilstellplatz in der Südstadt nahe des Tierparks.

Gastronomie (→ *Karte S. 129*)

Die über 200-jährige Zugehörigkeit der Stadt Görlitz zur Provinz Schlesien zeigt sich auch in der Gastronomie. So wird man in vielen Görlitzer Restaurants das ›Schlesische Himmelreich‹ finden. Dabei handelt es sich um Kassler oder geräucherten Schweinebauch, der zusammen mit Backobst, Zimt, Zitronenschale und schlesischen Kartoffelklößen, hier Kließla genannt, serviert wird. Und auch der Mohnstriezel – ein Wickelkuchen aus Hefeteig, den man in Görlitz zum Kaffee genießt – ist schlesischer Herkunft (→ Rezepte).

Aus der hiesigen Brauerei Landskron kommen hervorragende Biere.

Restaurants

1 **Lucie Schulte**, Untermarkt 22, Tel. 410260, www.lucieschulte.de, tgl. 12–15 und 17.30–23.30 Uhr. Gelobte Gourmet- und Frischküche, die auf der klassischen französischen Kochschule basiert; ›Zertifikat für Exzellenz‹ von tripadvisor und Eintrag ›Die besten Restaurants für jeden Tag 2017/18‹ im ›Feinschmecker‹, Weinkeller und Kostbar. Idyllische Terrasse mit Oleander und Zitrusbäumchen im Hof (Zugang durch den Flüsterbogen). Im Humidor lagern erlesene Zigarren. Der Name des Hauses hat nichts mit Görlitz zu tun: Ein westdeutscher Architekt, jetzt in Görlitz ansässig, fand die Inschrift an einem Möbelstück in Bremen.

2 **Horschel**, Untermarkt 1 (im Hotel Emmerich), Tel. 8779844, www.horschel-restaurant.de. Benannt nach Benigna Horschel (→ S. 86, Heiliges Grab). Romantischer Blick auf den Untermarkt. Anspruchsvolle regionale Küche mit saisonalen Zutaten. Rindfleisch aus Biozucht, Lausitzer Wildspezialitäten, Qualitätsweine aus Sachsen und Österreich; tgl. 8–22, Bar bis 24 Uhr.

3 **St. Jonathan**, Peterstr. 16, Tel. 421082, www.goerlitz-restaurant.de; Mo ab 18, Di–So 12–15 und ab 18 Uhr. Unser persönlicher Favorit: In einem Patrizierhaus mit romanischem Tonnen- und bemaltem Springrippengewölbe im Durchgang zum herrlichen Garten. Trinken und Speisen unter schattigen Bäumen mit Blick auf die Türme der St.-Peter-und-Paul-Kirche und dem plätschernden Bernhardibrunnen. Mediterrane Steakküche, auch Fisch, nette und schnelle Bedienung.

4 **acanthus & via regia**, Neißstr. 20, Tel. 661810, www.acanthus-viaregia.de; tgl. 11.30–14.30 und ab 17.30 Uhr. Größtes mittelalterliches Görlitzer Kellerrestaurant mit zwölf Räumen sowie Gartenrestaurant (tgl. ab 11.30 Uhr, durchgehend). Fleisch und Fisch vom Lavagrill, Hausspezialitäten: Schlesischer Bierbraten und Schlesisches Himmelreich.

5 **Vierradenmühle**, Hotherstr. 20/21, Tel. 8787344; tgl. 11–22 Uhr. Das östlichste Restaurant Deutschlands, herrliche Lage über der Neiße vis à vis der Altstadtbrücke. Gute Küche und Kuchen. Am schönsten ist aber der Blick von der Terrasse zur St.-Peter-und-Paul-Kirche.

6 **Landskron Bürgerstübl**, Neißstr. 27, Tel. 8781231; Mo–Fr 17–22, Sa/So auch 12–14.30 Uhr. Nachweislich das älteste Görlitzer Gasthaus, von 1496 bis 1937 wurde hier auch Bier gebraut. 2015 neu eröffnet, zwei Gewölberäume und ein hübscher Biergarten. Im Hallendurchgang kann man den langgestreckten Görlitzer Tisch aufstellen, an dem bis zu 50 Gäste Platz finden. Nebenan befindet sich die Tonne, ein 600jähriger Gewölbekeller, der für Feiern gemietet werden kann.

7 **Salü** , Schwarze Str. 7, Tel. 412410, www.salue-goerlitz.de. Etwas versteckt in einer ruhigen Seitengasse am Schlesischen Museum gelegen, gilt das Salü als das erste richtige Görlitzer Szene-Restaurant. Kleine, aber feine Speisekarte, auf Wunsch wird auch vegetarisch gekocht. Verwunschener, lange blühender Garten (in Betrieb von Mai–Sept.). Di–Sa ab 18 Uhr bis zum letzten Gast.

8 **Görlitzer Kartoffelhaus**, Steinstr. 10, Tel. 412702, www.goerlitzer-kartoffelhaus.de; tgl. ab 11 Uhr. Küchenmotto: ›Essen wie bei Muttern‹, wahrhaft sättigende Portionen, Terrasse an der Annenkapelle.

9 **Gambrinus Bierstuben**, Schwarze Straße 1/Ecke Fischmarktstraße, Tel. 879579, www.gambrinus-bierstuben-goerlitz.de; Mo–Sa ab 18, Mittagstisch Sa/So ab 12 Uhr. Oberlausitzer, böhmische und schlesische Küche, u.a. Budweiser vom Fass.

10 **Filetto**, Peterstr. 1, Tel. 421131, www.filetto-goerlitz.de; tgl. ab 17, Sa/So auch 12–15 Uhr. Italienische und Steakküche, winziger Innenhof mit Terrasse, gegenüber Jugendherberge.

11 **Schankhaus Zum Nachtschmied**, Obermarkt 18, Tel. 411657, www.zum-nachtschmied.de; tgl. 11–14.30 und 17–22 Uhr. Altdeutsche Gaststube von 1870 mit offenem Kamin und zahlreichen Schmiedeutensilien, darunter viele Eisenzangen. Der Chef schmiedet selbst, früher befand sich hier der Durchgang zur Pferdeschmiede. Spezialitäten sind Senfsuppe und scharfe schlesische Brotsuppe.

Im Gasthaus ›Zum Nachtschmied‹

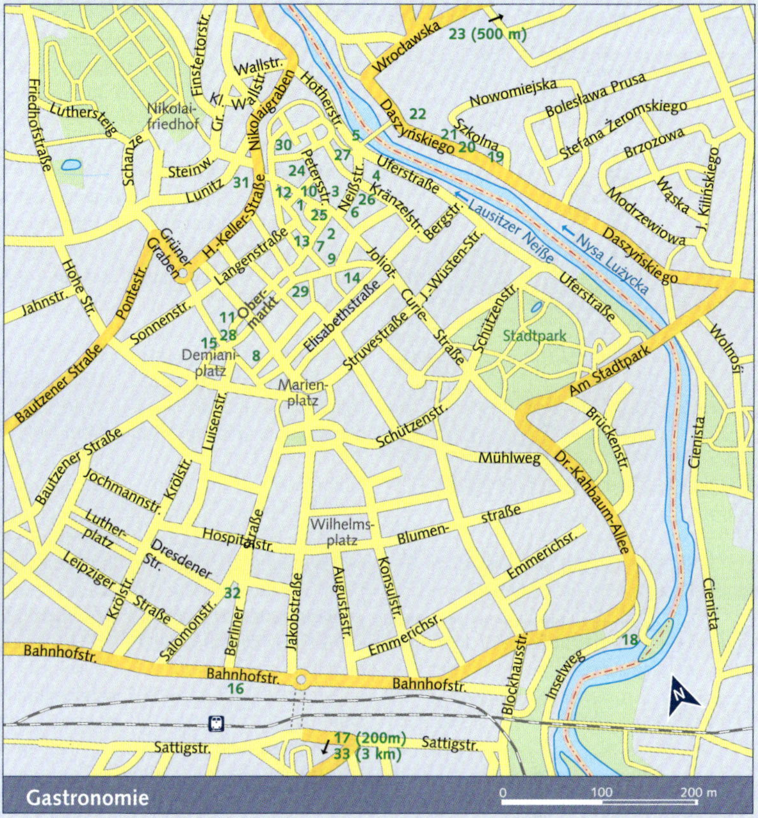

12 Destille, Nikolaistr. 6, Tel. 405302, www.destille-goerlitz.de; tgl. 11.30–14.30 und ab 17.30 Uhr. Beliebtes Restaurant mit der angeblich schönsten Görlitzer Sommerterrasse nahe Nikolaiturm. Mediterrane Küche, aber auch regionale Klassiker wie das ›Schlesische Himmelreich‹.

13 Schlesische Oase, Brüderstr. 1/Ecke Plattnerstr., Tel. 8797497, www.facebook.com/RestaurantSchlesischeOase. Unter Regie des benachbarten Hotels ›Italia Görlitz‹. Rustikale schlesisch-polnische Küche im gemütlichen Ambiente mit Ziegelwänden und Kreuzgewölbe in einem Altstadthaus in der Nähe des Obermarktes. Bei schönem Wetter auch Terrassenbetrieb. Mo–Sa 11.30–22, So 11.30–16.30 Uhr.

■ Nördliche Innenstadt

14 Wirtshaus Zur Altstadt, Elisabethstr. 16, Tel. 8935157; Mo 11.30–14, Di–So 11.30–14 und 17.30–24 Uhr. Nettes Gasthaus, die Wände sind verziert mit Malereien Görlitzer Sehenswürdigkeiten wie Flüsterbogen und Kaisertrutz, auch Bleiglasbilder. Bürgerliche deutsche Küche, kleiner Biergarten unter schattigen alten Kastanien (Holztafel mit Klingel für den Kellner).

15 Ristorante Da Vinci, Demianiplatz 54, Tel. 7654909, www.ristorante-davinci.com. Sehr gute italienische Küche im ehemaligen Traditionsrestaurant ›Goldene Sonne‹. Ehemals war das Gebäude hinter dem Kaisertrutz eine Pferdestallung, in der der Kutscher mit seinen Fahrgästen auf der Fahrt

Der Eingang zum Café ›Kränzel‹

von Dresden nach Breslau oder in die Gegenrichtung einen Zwischenhalt einlegte. Der Küchenchef ist apulischer Abstammung und so beherrschen Zutaten aus dem Meer und vom Land seine Küche, neben den Protagonisten Gemüse, Pasta und goldgrünes Olivenöl. Tgl. 17.30–22 Uhr, Sa/So auch 12–14 Uhr.

16 Bio im Bahnhof, Mo–Fr 8–19, Sa 9–16 Uhr. Neben gesunden Lebensmitteln, Obst und Gemüse zum Mitnehmen, auch leckere Suppen und kleine Gerichte. Das wohl beste Brotangebot in Görlitz.

Südstadt

17 Zum gebratenen Storch, Zittauer Str. 43, Tel. 879170, www.restaurant-gorlitz.de; tgl. 11–22 Uhr. Beliebtes Familienrestaurant am Eingang zum Tierpark. Schattige Terrassenplätze unter ahornblättrigen kleinen Platanen. Hausspezialität ist nicht etwa der gebratene Storch, sondern sind deftige altböhmische Spezialitäten wie Entenkeule oder Fasanenbraten, dazu mundet ein Pilsner Urquell, Staropramen und Svijany-Schwarzbier.

18 Brauhaus-Obermühle, Tel. 879832, www.obermuehle-goerlitz.de; tgl. ab 12 Uhr. Idyllisch im Neißetal am Oder-Neiße-Radweg mit Blick zum Bahnviadukt gelegen, Freiluftplätze auf sonniger Terrasse über der Neiße, im Winter spendet der große Kachelofen mit Sitzbank wohlige Wärme, auch Bootsverleih. Echte Bio-Küche vorwiegend aus regionalen Zutaten, auch vegetarische Angebote, hauseigene Brauerei, auch Braukurse und Bierverkostungen. Eine süffige Spezialität ist das Obermühlen-Ghost (5,5%), kupferfarben und mit Karamellgeschmack.

Zgorzelec

19 Restaurant & Café Miód Maliny, Daszyńskiego 17, Tel. 6418090, https://de-de.facebook.com/miodmaliny. Tgl. 11.30–23 Uhr. Zwei gemütliche Gewölberäume. Feine polnische Küche, auch Café. Fantastische polnische Ente mit Klößchen und Bratapfel. Von der Altstadtbrücke rechts etwa 400 m auf der Uferstraße. Am Wochenende besser vorbestellen.

20 Restaurant Przy Jakubie, Daszyńskiego 11/1, Tel. 7717983; tgl. 12–22 Uhr. In einem historischen Gerber- und Tuchmacherhaus an der Neiße. Auch Terrassenplätze neben der Jacob-Böhme-Gedenkstätte. Im Erdgeschoss eine gemütliche Gewölbenische mit nur einem Tisch sowie Omas gute Stube im ersten Stock. Żywiec vom Fass, auch heißes Bier mit Gewürzen, schmackhafte polnische Küche, aber sehr übersichtliche Portionen, wie z.B. altpolnischer Bigos.

21 Ristorante und Pizzeria Espresso, Daszyńskiego 10, Tel. 7750550, www.espresso.zgorzelec.pl. Tgl. 11.30–22.30 Uhr. Schickes Ambiente, gute Pizzen, auch Pasta. Am Neißeufer.

22 Dreiradenmühle (Piwnica Staromiejska), ul. Wrocławska 1 (an der Altstadtbrücke), tgl. 12–22 Uhr. Gute polnische Küche, Sommergarten an der Neiße mit Blick auf die St.-Peter- und Paul-Kirche, drinnen Klinkergewölbe und schmiedeeiserne Stühle und Tische.

23 Restaurant Kaprys, Lubańska 18a, tgl. ab 12 Uhr, 500 m von der Altstadtbrücke nach links.

Cafés

24 Caféhaus Lucullus, Peterstr. 4, Tel. 8791779, Di–Sa 10–18 Uhr (alljährlich 20.12.–1.3. geschlossen). Der schönste frei zugängliche Innenhof in Görlitz.

25 Ratscafé, Untermarkt 24, Tel. 8792495, www.ratscafe-goerlitz.com; tgl. ab 9 Uhr, in der historischen Ratsapotheke, eines der schönsten Görlitzer Renaissancehäuser.

26 Caffè Kränzel, Neißstr./Ecke Kränzelstr., Tel. 0174/3244130. Mo, Mi, Do 10–20, Fr/Sa bis 22, So bis 19 Uhr. Espressobar und Café. 50 internationale Kaffeespezialitäten und Weine, kleine Speisen, über 50 klassische Cocktails. Gewölbekeller und herrliche Gartenplätze. Kaffeeseminare und Whiskeyverkostung auf Anfrage.

27 Café 13, Neißstraße 13, Tel. 0160/7864269. Geöffnet von März bis Weihnachten Mo, Mi–So 10–18 Uhr. Unterhalb der St.-Peter- und Paul-Kirche nahe der Altstadtbrücke, auch Plätze im Freien auf patentierten Bänken am Waidhaus mit Blick nach Zgorzelec. Spezialitäten: Mohnstriezel und andere schlesische Kuchen.

28 Café 1900, Obermarkt 14, Tel. 413687, www.cafe-1900-goerlitz.de; Mo–Sa 9–18, So 11–18 Uhr. Frühstück 9–12, Mittagstisch mit deftigen Speisen 12–15 Uhr. Hausgemachte Kuchen und Torten, darunter die Torten ›1900‹ (Schoko, Mocca, Nougat), ›Mucha‹ (Walnuss, Orange) sowie ›Louise‹ (Aprikose, Marzipan), außerdem Schlesischer Streuselkuchen sowie Mohn- und Kleckskuchen. Kopien des Jugendstilmalers Alfons Mucha an den Wänden.

29 Café in der Kirche, in der Dreifaltigkeitskirche am Obermarkt, Do–Sa 14.30–17 Uhr. Selbstgebackener Kuchen der Ev. Innenstadtgemeinde Görlitz.

30 Oriental, Nikolaistr. 14 (gegenüber Hotel Tuchmacher), Tel. 428076, www.facebook.com/Uma25.12.66; Di–Sa ab 17 Uhr. Werbeslogan: Lass Dich sinnlich verzaubern. Dipps zu Fladenbrot, Wein und Bier. Im Winter wird Daal gereicht, ein süß-pikantes Linsengericht aus Indien. Auch Früchtebrot des Hauses, Baklava und Marzipanhörnchen. Wer gern an der Wasserpfeife schmaucht, kann dies im hiesigen west-östlichen Divan, dem Shisharaum.

31 Jesusbäckerei (Bäckerei & Konditorei Tschirch), Nikolaigraben 3 (Nikolaivorstadt), Mo–Fr 6–18, 6–11.30, So 7–11 Uhr, www.jesusbaeckerei.de. Mit schlesischen Spezialitäten wie Butterdrückstreuselkuchen, Mohn- und Kleckskuchen.

32 Schwerdtners Café Central, Berliner Str. 51 (nördliche Innenstadt), Mo–Sa 7–19, So 7.30–19 Uhr. Am Standort des ehemaligen populären Cafés Hohenzollern (darauf verweist der benachbarte Brunnen Die Tanzende). Schön sitzt man in der 1. Etage mit großen Panoramafenstern und Blick auf die Berliner Straße. An warmen Tagen auch Terrassenbetrieb unter großen Sonnenschirmen. Tipp: Mohn- oder Kleckskuchen. Mehrere Frühstücksvariationen, auch Salate und deftige Speisen.

33 Café im Hotel Burghof, Promenadenstraße 97 (Südstadt), Tel. 750366. Mai–Okt. nur an Wochenenden Sa/So bei schönem Wetter 14-17 Uhr, auch Gartencafé. Unterhalb der Landeskrone an der Endhaltestelle der Straßenbahn Nr. 2 in Biesnitz.

Hält, was der Name verspricht: das Café Oriental

Museen und Galerien (→ *Karte in der vorderen Umschlagklappe*)

Schlesisches Museum zu Görlitz, Brüderstr. 8, Tel. 87910, www.schlesisches-museum.de, Di–Do 10–17, Fr–So 10–18 Uhr (gesonderte Öffnungszeiten im 1. Quartal und an Feiertagen). Mit der Eintrittskarte, die den ganzen Tag gilt, können Sie mehrmals in der Stadt verschnaufen und haben immer wieder freien Zutritt. Angebot zum Buchen für Gruppen: ›Kaffee & Kultur – natürlich schlesisch‹, ansonsten jeden 1. Mi im Monat für Einzelgäste, mit Vortrag im Veranstaltungssaal. Es stehen Audioguides, auch in einer Kinderversion zur Verfügung, ebenso in Form einer musikalisch-literarischen Führung.

Barockhaus, Neißstr. 30, www.goerlitzer-sammlungen.de. Bürgerliche Kultur des Barock mit historischem Büchersaal der Oberlausitzischen Bibliothek der Wissenschaften sowie Milich'sche Bibliothek. Di–So 10–17 Uhr. Lesesaal der zwei Bibliotheken, Anmeldung Tel. 671350, Di und Do 10–17, Fr 10–13 Uhr. Kurzführung Büchersaal Mo 11 Uhr, Treff Handwerk 2.

Kaisertrutz, Demianiplatz 1, Tel. 671410, www.museum-goerlitz.de. Di–So 10–17, Nov.–März bis 16 Uhr.

St.-Peter- und Paul-Kirche, Mo–Sa 10–18, So 11.45–18 Uhr, Aussichtsbalkon zwischen den beiden Türmen tgl. bis 17.30, im Winterhalbjahr bis 15.30 Uhr. Gottesdienst So 10 Uhr. Orgel Punkt 12 mit Vorführung, Meditation und Informationen zur weltbekannten Sonnenorgel. April–Okt. Di, Do und So, Nov.–März So 12 Uhr.

Rathausturm, Untermarkt, Mitte März–20. Dez. Mi–So 11–18 Uhr zur vollen Stunde, Dauer der Führung ca. 45 Minuten. Treffpunkt Rathaustreppe/Justitiasäule.

Ratsarchiv, Untermarkt, Di 10–12 und 13–18, Do 10–12 und 13–16 Uhr. U.a. historische Akten aus dem 16. Jhd., Kaiserliche Privilegien, Brau- und Handwerksregister, Adressbücher der Gründerzeit, historische Zeitungen seit der vorletzten Jahrhundertwende.

Hallenhaus Brauner Hirsch, Untermarkt 26, Führungen April–Okt. jeden 1. und 3. Sa im Monat 16 Uhr, Tel. 7678350, Termine: http://turmtour.fvks.eu/brauner-hirsch.

Reichenbacher Turm, Obermarkt, April–Okt. Di–So 10–17 Uhr.

Dicker Turm, Demianiplatz, Mitte März–20. Dez. Aufstieg Mi–So 12–17 Uhr zur vollen Stunde.

Hotherturm, im Nikolaizwinger, Mitte April–Okt. jeden 2. u. 4. Fr des Monats im Rahmen der Scharfrichterführungen mit Ausstellung Foltermethoden und Strafen, Treffpunkt 17 Uhr an der Rathaustreppe.

Heiliges Grab, Heilige-Grab-Str. 79, Tel. 315864, www.evkulturstiftunggr.de. Mo–Sa 10–18 Uhr, So und Feiertage 11–18 Uhr. Jan., Feb., Nov. und Dez. bis 16 Uhr, März und Okt. bis 17 Uhr. Führungen: April–Okt. Mo–Sa 11 und 15, So/Feiertage 11.30 und 15 Uhr.

Nikolaikirche, Große Wallstraße, März Do–So 12–16 (Führung 15 Uhr), April–Okt. tgl. 11–17 Uhr (Führungen 11 und 15 Uhr). Nikolaifriedhof, Große Wallstraße, April–Okt. 6.30–21, Nov.–März bis 18 Uhr.

Im Schlesischen Museum

Spielzeugmuseum, Rothenburger Str. 7, Tel. 405870, www.facebook.com/SpielzeugmuseumGoerlitz. Über die Öffnungszeiten bitte vor dem Besuch über Facebook informieren, dort werden sie ständig aktualisiert. Bei geschlossener Pforte können Sie auch bei Frau Fiedler läuten. Bei Anwesenheit öffnet sie gern die Tür. Führungen alters- und themengerecht, auch Bastelangebote, Spielzimmer zum Ausprobieren sowie Gestaltung von Kindergeburtstagen. Auch Sonderausstellungen.

Museum der Fotografie, Löbauer Str. 7, Tel. 878761, www.fotomuseum-goerlitz.de; Di–So 12–16 Uhr. Geschichte der Fototechnik mit Schwerpunkt Görlitz.

Frauenkirche, tgl. 11–18, Nov.–März 10–12 Uhr, Di Dachstuhlbesichtigung (am Büchertisch melden)

Senckenberg Museum für Naturkunde Görlitz, Am Museum 1, Tel. 47605220, www.senckenberg.de/goerlitz. Di–Fr 10–17, Sa/So bis 18 Uhr. Jeden 1. So im Monat freier Eintritt.

Fleisch- und Wurstwaren (Inh. Thomas Büchner), Bismarckstr. 3, Mo 13–18, Di–Fr 7.30–18, Sa 7–11.30 Uhr. Die wahrscheinlich schönste Fleischerei der Welt.

Neue Synagoge, Otto-Müller-Str., www.synagoge-goerlitz.de; tgl. 10–18 Uhr, Führungen April–Okt. So 11–13 Uhr.

Stadtbibliothek, Jochmannstr. 2-3, Tel. 7672730, www.stadtbibliothek.goerlitz.de. Mo 14–19, Di/Mi 10–18, Fr 10–19, Sa 9–12 Uhr.

Bibliothek, Sprach- und Begegnungszentrum Bookworm, Straßburg-Passage, Raum 204, Di und Do 14–17 Uhr, www.eso.de/goerlitz/europa-bibliothek-in-goerlitz.

Historische Landskron Brauerei, An der Landskronbrauerei 11b, Tel. 465142. Führungen ganzjährig, Termine unter: www.landskron.de/besuch/touren (Dauer ca. 2 Std.).

Parkbahn Görlitz, im Wäldchen südlich der Landskronbrauerei, Tel. 407090, www.goerlitzerparkeisenbahn.de. Nur bei schönem Wetter: April–Juni und Sept./Okt. Sa 13.30–17, So und Feiertage 10–17 Uhr, Juli/Aug. Mi 10–17, Sa 13.30–18 und So 10–18 Uhr.

Zgorzelec

Lausitzmuseum (Muzeum Łużyckie), Daszyńskiego 15, Mo, Di, Do/Fr 8–16, Mi 10–18 Uhr (Eintritt frei), www.muzeumluzyckie.pl.

Jacob-Böhme-Gedenkstätte, Daszyńskiego 12, Mai–Sept. tgl. 10–18 Uhr, freier Eintritt.

Ruhmeshalle (Miejsky Dom Kultury), Mo–Fr 8–20 Uhr, Sa/So 12–20 Uhr.

Meetingpoint Music Messiaen/Europäisches Zentrum für Bildung und Kultur Zgorzelec-Görlitz, Koźlice 1, Mo–Fr 9–16 Uhr, www.meetingpoint-music-messiaen.net.

Görlitz am Abend

Theater

Gerhardt-Hauptmann-Theater Görlitz-Zittau, Demianiplatz 2 und Spielstätte Apollo, Hospitalstr. 2, www.g-h-t.de, Tel. 474747, Oper, Operette, Ballett, Musik- und Tanztheater sowie Konzerte.

Sommertheater im Stadthallengarten (Anfang Juni–Mitte Juli).

Theaterkasse, Demianiplatz 2, Di–Fr 10–13 und 14–18, Sa 10–12.30 sowie 1 Std. vor Beginn.

Kinos

Filmpalast Görlitz, Jakobstr. 16, Tel. 405288, https://de-de.facebook.com/filmpalastgoerlitz.

Programmkino Camillo, Handwerk 13, Tel. 661920, www.camillo-goerlitz.de/camillo-kino.

Camillo Sommerkino, im Rathaushof, Zugang über die Apothekergasse.

Offkino Klappe die Zweite, Nonnenstr. 18/19, Tel. 667110, www.klappe-die-zweite.com.

Görlitz bei Nacht

Kings Pub, Hospitalstr. 37, Tel. 413739, www.kings-pub-goerlitz.de. Mo–Fr ab 18, Sa ab 15 Uhr. Livemusik und irische Kneipe.
KULTurBRAUEREI, An der Landskronbrauerei 116, Tel. 4650, www.landskron.de/kulturbrauerei/veranstaltungen. Events, Konzerte, Theater.
Salü, Schwarze Str. 7 (→ Restaurants, S. 128).
Basta, Hotherstr. 25, Tel. 417134, www.facebook.com/JKZ.Basta. Disco, Konzerte und Lesungen. Zumeist Fr/Sa ab 20 bzw. 21 Uhr.
Camillo, Handwerk 13, Tel. 0173/1651317, https://de-de.facebook.com/CamilloKultur. Kneipe. Die einzige Vinyl-Kneipe der Stadt. Hausgemachte Suppen, Getränke aus aller Welt, Konzerte, Lesungen. Di–Sa ab 19 Uhr.

Veranstaltungen

Der aktualisierte Veranstaltungskalender ist unter www.stadtfuehrungen-goerlitz.eu/kulturkalender.html oder unter www.goerlitz-tourismus.de/events zu finden. In der Touristinformation ist die alljährlich neu editierte Broschüre ›Görlitzer Feiertage; Veranstaltungen, Messen, Premieren, Führungen‹ kostenlos erhältlich. Der kulturelle Höhepunkt ist das internationale Straßentheaterfest ›ViaThea‹, das inzwischen Künstler aus der ganzen Welt anzieht.

April

Görlitz rockt, Lange Kneipennacht (Sa, Mitte des Monats).

Mai

Görlitzer Orgelnacht (Pfingsten) in mehreren Görlitzer Kirchen.
Görlitzer Jazztage (Ende Mai/Anfang Juni).

Juni

Europamarathon auf beiden Neißeufern und entlang der Sehenswürdigkeiten.
Braufest der Sinne, auf dem Gelände der Landskronbrauerei
Feté de la Musique, an verschiedenen Plätzen, gratis, alle Musiker spielen ohne Gage.
Tag der offenen Sanierungstür, zahlreiche Denkmäler sind nur an diesem Tag öffentlich zugänglich.
ViaThea, Straßentheaterfestival, künstlerisch anspruchsvolle Aufführungen in der Görlitzer Altstadt.

Juli

Görlitzer Seewoche, Sportveranstaltungen, Live-Musik und Kulinarik-Specials am Berzdorfer See (Ende Juli/Anf. Aug.).
Schlesischer Tippelmarkt (Obermarkt).

August

Stadthallen-Open Air, Livemusik im schönen Naturgarten.
Altstadtfest Görlitz, auf beiden Seiten der Neiße.

September

Tag des offenen Denkmals. In manchen Jahren mit extra Handwerkerdarbietungen.
Görlitzer Bachwoche. Chor-, Orgel- und Kammerkonzerte in mehreren Kirchen (Ende Sept./Anfang Okt.)

Dezember

Christkindelmarkt. Alljährlich etwa 100 Stände auf dem Untermarkt.

Einkaufen

Einkaufszentren

Straßburgpassage, Jakobstraße 34, www.strassburg-passage.de. Eine der wenigen noch in Europa vorhandenen Jugendstilpassagen. Heute finden sich hier u.a. einige Modegeschäfte. Mo–Fr 9.30–18.30, Sa 9.30–16 Uhr.
Haupteinkaufsmeile in der Innenstadt ist

Hier gibt es Handwerkskunst

die **Berliner Straße**, die sich vom Bahnhof bis zum Postplatz erstreckt.

City Center Frauentor, An der Frauenkirche 12, www.citycenterfrauentor.de. Mo-Fr 9-19, Sa 9-16 Uhr.

Landestypisches, Handwerkliches, Andenken

Landskron Besucherzentrum & Shop, An der Landskronbrauerei 16. Neben allen Landskronbieren sind hier auch die aktuellen Craft Biere sowie der Kräuterlikör Böckelbart (aus 70 Ingredienzien und Kräuterauszügen) im Angebot, dazu zahlreiche Fanartikel; tgl. ab 11 Uhr.

Filigran-Zeitreiseladen, Brüderstr. 10, Tel. 879310; Mo-Fr 11-19, Sa 10-16 Uhr. Beste Kollektion alter Musik (Mittelalter und Renaissance) in Deutschland. Erlebbare Geschichte, Schmuck und Uhren.

Oberlausitzer Schauglashütte, Schwarze Str. 6, www.glaskunst-lausitz.de. Mo-Fr 13-17, Sa 11-17 Uhr. Verkauf von Glasware aus eigener Manufaktur. Auch Café.

Senfladen, Brüderstr. 5, Mo-Sa 9-19, So 10-18 Uhr. U.a. Produkte aus Görlitzer Produktion, wie den Scharfrichtersenf (mit Chilli). Zum Verkosten stehen 120 Senfsorten zur Auswahl, zum Verkauf 300! Dazu gibt's die original Thüringer Bratwurst.

Art Glas Else, Untermarkt 22 (Flüsterbogen). U.a. Lausitzer Waldglas. Mo-Fr 11-17, Sa 10-12 Uhr.

Zuckerwerk & Rebensaft, Obermarkt 8, www.zuckerwerkundrebensaft.de. Confiserie, Café und Spirituosen; Mo-Fr 10-18.30, Sa 10-14.30 Uhr.

Weihnachtshaus, Fleischerstr. 19, Tel. 649205. März-Dez. Mo-Sa 10-18, So bis 16 Uhr. Auf 600 qm Ausstellungsfläche in vier zusammenhängenden Häusern findet man die ganze Fülle erzgebirgischer Holzkunst, Christbaumschmuck aus Thüringen, Herrnhuter Sterne und Ebersbacher Festkerzen.

Leinenkontor, Nikolaistr. 7 (am Nikolaiturm), www.lalunadoro.com. Di-Fr 11-13 und 14-18, Sa 11-15 Uhr. Leinen in hochwertigen Qualitäten und extravaganten Mustern. Das Naturmaterial aus der guten alten Zeit, aus ökologischem Anbau von Flachs.

Märkte und Flohmärkte

Wochenmarkt Elisabethstraße (nahe vom Dicken Turm) unter einer Fußgänger-Kastanienallee. Gemüse, Obst, Fleisch- und Wurstwaren, Textilien, Imbiss. Mo-Sa 8-16 Uhr.

Nachtflohmarkt in der Landskron Kulturbrauerei, An der Landskronbrauerei, 1-2 mal jährlich an einem Sa 14-22 Uhr. Termine: http://schwarzmaerkte.de.

Sportmöglichkeiten

Sportschwimmhalle Neiße-Bad, Pomologische-Garten-Str. 20, Tel. 406687, Öffnungszeiten: www.neisse-bad-goerlitz.de.

City Bowling - City Center Frauentor, An der Frauenkirche 12, Tel. 661045.

Kegelbahn Ludwigsdorf, Rothenburger Landstr. 174, Tel. 310209; **Tennisanlage**, Frauenburgstr. 32a, Tel. 401407.

Pferdesportanlage Weinhübel, Zittauer Str. 166, Tel. 83004.

Für Besucher, die mehr als nur ein Wochenende nach Görlitz kommen, stehen vor den Toren der Stadt mehrere reizvolle Nahziele zur Auswahl. Wir stellen vier Tagestouren vor.

Die ›Blaue Lagune‹ am Berzdorfer See

AUSFLÜGE IN DIE UMGEBUNG

Berzdorfer Seerunde

Route: Görlitz/Obermühle – Neißeradweg-Görlitz/Stadtteil Weinhübel – Berzdorfer Seerunde (Unterer Rundweg). Gleiche Strecke zurück.

Der Berzdorfer See ist ein künstliches Gewässer und besteht aus dem gefluteten Restloch des ehemaligen Braunkohletagebaus Berzdorf. Er bildet den südöstlichen Eckpunkt des Lausitzer Seenlandes und ist heute das beliebte Naherholungsgebiet Berzdorfer See, an dessen Stränden ›Hagenwerder‹, ›Nordoststrand‹ und ›Blaue Lagune‹ sich bei schönem Wetter die Badegäste tummeln; Segler nutzen den Sportboothafen. Mit dem Fahrrad lässt sich der See bequem umrunden und erkunden.

Der Kohlegewinnung wegen mussten über 1200 Bewohner dreier Dörfer ihre Häuser verlassen. An Berzdorf auf dem Eigen erinnert heute der Name des künstlichen Gewässers. Schriften aus dem Kloster St. Marienstern verweisen erstmalig um 1280 auf eine Siedlung Bertoldistorf. Berthold war vermutlich der Anführer eines hier heimisch gewordenen Siedlertrecks, vom Landesherrn dazu ermächtigt, die hiesigen Fluren an die Neuankömmlinge zu verteilen und den Aufbau der Siedlung zu leiten. Im ›Geschichtsbuch der Lausitz‹ von 1748 sind erste hiesige Braunkohlefunde als ›Turf‹ benannt. Der Bergbau begann in der Gegend um 1830, als Bauern die Kohle zum Heizen entdeckten. Um 1850 zählte man bereits vier Tiefbaugruben. Die industrielle Gewinnung im Großtagebau nahm 1919 Fahrt auf, währte aber nur bis 1927, dann erlag man der benachbarten Konkurrenz und die Grube füllte sich erstmalig mit Wasser. 1946 wurde die Grube ausgepumpt, der VEB Braunkohlewerk Oberlausitz nahm den Betrieb auf. Bis zur Stilllegung 1992 förderte man insgesamt 3,2 Millionen Tonnen Kohle, die überwiegend in den Kraftwerken Hagenwerder I bis III verstromt wurden. In das von Menschenhand geschaffene Gewässer würde der Görlitzer Hausberg, die Landeskrone, zweimal aufrecht und einmal auf dem Kopf stehend hineinpassen. Der See umfasst heute 965 Hektar, die Uferlänge beträgt 15,5 Kilometer und die maximale Tiefe 71 Meter. Im Jahr 2010 beschleunigte ein spektakuläres Neißehochwasser mit dem Bruch der Wittig-Talsperrenmauer in Polen das Auffüllen erheblich.

Von der **Obermühle** am südlichen Görlitzer Neißeufer fahren wir sechs Kilometer bis zum Nordstrand des Berzdorfer Sees, der neuen ›Görlitzer Badewanne‹. Erst kurz nach den letzten Häusern des Stadtviertels Weinhübel, dort wo der Asphalt rechts von der Bundesstraße nach Zittau durch die Bahnbrücke abzweigt, verlassen wir den Oder-Neiße-Radweg. Schon wenig später stehen wir am Seeufer. Weit schweift der Blick von hier zum Horizont, der im Osten von den dunklen Höhen des Isergebirges begrenzt wird. Auch der Jeschken lässt sich bei schönem Wetter sehen. Er ist gut an seiner Krone, dem Fernsehturm, zu erkennen.

Weiter geht es am Nordufer entlang Richtung ›Neundorfer Weingarten‹ und Naturschutzgebiet ›Rutschung P‹ auf dem Unteren Rundweg. Parallel dazu existiert auch ein Oberer Rundweg. Er ist mit 22 Kilometer Gesamtstrecke sechs Kilometer länger und führt auch zum Aussichtsturm Neuberzdorfer Höhe. Überall am Nordufer liegen verstreut Sonnenanbeter, manche auch etwas versteckt und hüllenlos – jeder wie es ihm beliebt.

Außer im **Naturschutzgebiet Rutschung P** rollen die Räder auf tadellosem Asphalt. Das heutige Schutzgebiet war einst das große Sorgenkind der Bergleute, denn hier kam die Erde öfters in Bewegung und bedrohte den Tagebaubetrieb. Anfang der 1980er Jahre rutschten 100 Millionen Kubikmeter auf einer Breite von knapp zwei Kilometern täglich 4 Zentimeter in der Vertikalen und 15 Zentimeter in der Horizontalen in Richtung Grube. Erst in den 1990er Jahren stoppten neu angelegte Stützkippen das Phänomen. Heute hat die Natur das Terrain erobert und kann sich hier ungestört entfalten.

▲ Karte: Buchrückseite

Schon von weitem leuchtet der künstlich aufgeschüttete weiße Sandstrand an der **Blauen Lagune** bei Tauchritz. Auch viele Gäste aus Polen und Tschechien haben das Badeparadies für sich entdeckt.

Oberhalb des Hafens steht das **Wasserschloss Tauchritz**, ab 1306 Rittersitz, Dominium und Herrenhaus. Wegen des einst sumpfigen Umlandes stehen die Mauern des zweigeschossigen Baus auf mächtigen quergelegten Eichenbalken und sind noch heute teils von einem wassergefüllten Wallgraben umgeben. Das jetzige barocke Erscheinungsbild erhielt die Residenz 1686/87, nachdem das alte Gutshaus abgebrannt war. Leider ist das imposante Gemäuer derzeit verschlossen. In mehreren Räumen sind reiche Stuckarbeiten mit anspruchsvollen Ornamenten erhalten, man sieht florale Motive, aber auch figürliche Abbildungen. Sie sind künstlerisch so bedeutend, dass sie Fachleute mit denen im Dresdner Zwinger vergleichen. Im benachbarten **Restaurant Gut am See** kann der Besucher in stilvoller Atmosphäre eine gelobte Küche genießen, im Sommer auch auf der herrlichen Terrasse Platz nehmen (Mi–So ab 12 Uhr, Tel. 0157/77456566).

Der **Hafen** zwischen Tauchritz und Hagenwerder zeigt sich bislang nur als Ankerplatz weniger Boote, soll aber perspektivisch um markante Bauten wachsen, darunter einem kleinen Leuchtturm. Auf der Nordseite der vom Hafen gebildeten kleinen Halbinsel eröffnete kürzlich das luxuriöse Hotel ‹Insel der Sinne‹.

Am Nordostufer, in der Nähe des Nordstrands, stehen noch einige Gebäude des Dorfes **Deutsch-Ossig**, bis 1986 die Heimat von immerhin 700 Bewohnern. Die einstige Kirche ist als Kopiebau mit wesentlichen Teilen der originalen Einrichtung im Görlitzer Stadtteil Königshufen wieder erstanden. Kunstexperten erachten ihre Rokokoausstattung als besonders wertvoll, auch im deutschlandweiten Maßstab. Das Verweilen auf der **Carari-Wiese** mit Liegestühlen und Imbiss ist besonders während des Sonnenuntergangs ein Erlebnis, wenn der Feuerball die Wasserfläche erglühen lässt. Vorbei am viel belebten **Nordstrand** schließt sich die Seerunde.

Ein schöner Abschluss der Tour findet sich exakt am Anfang unserer Tour, in der Obermühle: Hier wird ein ganz besonders süffiges hausgebrautes Bier, nicht pasteurisiert und ungefiltert, ausgeschenkt – bei schönem Wetter finden sich auch hübsche Plätze mit Neißeblick.

Länge: 16 Kilometer, für die An- und Rückfahrt nach Görlitz zusätzlich 10 Kilometer.

Info: Aus Görlitz-Weinhübel fährt die Stadtlinie E in die Nähe des ›Nordoststrands‹ bei Deutsch-Ossig und zur ›Blauen Lagune‹ bei Tauchritz.

Am Nordwestufer des Berzdorfer Sees

Ostritz/St. Marienthal

An der Lausitzer Neiße, etwa 20 Kilometer flussaufwärts von Görlitz, liegt das Städtchen Ostritz/St. Marienthal mit gleich mehreren Superlativen: einer Selbstversorgung mit Ökostrom zu 100 Prozent, dem östlichsten Weinberg im Land sowie dem ältesten Frauenkloster des Zisterzienserordens in Deutschland, das seit seiner Gründung ununterbrochen besteht. Ungewöhnlich ist zudem, dass sich der Bahnhof in Polen befindet. Die Bahnlinie von Görlitz nach Zittau durchs Neißetal verläuft streckenweise am polnischen Flussufer. Die Ostritzer und ihre Besucher müssen über Polen anreisen; sie nutzen den Fußgängergrenzübergang am Bahnhof Krzewina Zgorzelecka (Grunau).
Die etwa 3500 Einwohner sind unabhängig von Energiekonzernen, der Strom stammt aus eigenen Windrädern, Wasserkraft und Solaranlagen. Zusätzliche Fernwärme liefern ein Biomasseheizkraftwerk und ein Pflanzenöl-Blockheizkraftwerk, das Regenwasser wird sinnvoll als Brauchwasser genutzt und das Abwasser in einer Pflanzenkläranlage gereinigt.

Klosterstift St. Marienthal

Vom Bahnhof bis zur Zisterzienserabtei Klosterstift St. Marienthal läuft man eine halbe Stunde. Das Kloster wurde nach Mord und Totschlag in der Familie gegründet, als Sühnestiftung von Königin Kunigunde, Ehefrau König Wenzels von Böhmen, die Schenkungsurkunde 1234 in Prag unterzeichnet. Drei Jahre später wurde die Abtei anerkannt und in den Zisterzienserorden aufgenommen.
Der Legende nach soll an dieser Stelle der Neiße einem Mädchen das Marienbild vor Augen erschienen sein; daher der Name St. Marienthal. Die Abtei wurde 1258 dem böhmischen Ordensgebiet angeschlossen. Mehrere Brände zerstörten sie, und so gestaltete man den gesamten Komplex zwischen 1638 und 1744 im Stil des böhmischen Barock. Die prächtige Ausstattung beein-

Kunsthistorisches Kleinod: Kloster Marienthal

Karte: Buchrückseite

Der Bibelgarten des Klosters

druckt auch heute noch. Eine schwere Prüfung haben die Nonnen im August 2010 überstanden. Damals brach über sie ein Hochwasser beinah biblischen Ausmaßes herein, das schlimmste in der fast 800-jährigen Geschichte.

Derzeit amtiert die 56. Äbtissin. Gegenwärtig sind 13 Ordensschwestern im Konvent tätig. Noch immer lautet die Maxime: Ora et labora, beten und arbeiten in der Gemeinschaft. Die Klostergärtnerei sichert die Selbstversorgung der Nonnen mit Obst und Gemüse, einen Teil der Ernte verkaufen sie im Klosterladen. Zum Klosterbesitz zählen 300 Hektar Felder und Wiesen, die verpachtet sind, sowie fast 900 Hektar Klosterwald, der in Eigenregie bewirtschaftet wird. Seit 1955 pflegen die Nonnen im Abteigebäude geistig behinderte Frauen.

Das Klostertor führt in den ehemaligen Wirtschaftshof mit dem schönen **Dreifaltigkeitsbrunnen** von 1704. Die von der Flut 2010 beschädigte **Klosterkirche** ist inzwischen wieder restauriert und kann im Rahmen einer Führung besichtigt werden.

Im **Bibelgarten** hinter dem Gästehaus St. Hedwig gedeihen Laubbäume wie Amberbaum, Maulbeere, Holzapfel und viele Heilpflanzen. Von den über 100 in der Heiligen Schrift erwähnten Pflanzen würden viele den mitteleuropäischen Winter nicht überstehen, daher stehen Palme, Feige und Olive in transportablen Kübeln oder Töpfen im Garten. Die Rosen, schon in der Bibel erwähnt, wurden von Nonnen und Mönchen wegen ihrer Heilsamkeit, ihres Duftes und ihrer Schönheit verehrt und seit etwa 500 Jahren kultiviert und gezüchtet. Hier sind sie in einer Dufthecke zu erleben.

In der **Propstei** (1663) und ehemaligen Wirtschaftsgebäuden entstand das Internationale Begegnungszentrum mit Gästehaus.

Dampfback- und Holzbackofen verleihen Broten und Semmeln aus der **Klosterbäckerei** ein besonderes Aroma. Sehr gefragt sind auch Osterlämmer und -brote, in der Adventszeit Stollen und -konfekt, Pfeffer- und Honigkuchen sowie Oblaten-Lebkuchen. In der **Klosterschenke**, vor dem Eingangstor zum Kloster, kommt das St. Marienthaler Klosterbräu auf den Tisch, das nach der Rezeptur von 1357 in Eibau gebraut wird.

Der **Kapitelberg** am Kloster ist seit 1945 der östlichste Weinberg Deutschlands. Ein Dutzend Hobbywinzer kümmert sich um die Rebsorten Müller-Thurgau und Goldriesling. Die Ernte füllt selbst in guten Jahren kaum 1000 Flaschen. Eine Gelegenheit zum Verkosten bietet sich nur am Ostersonntag im Klosterhof.

Wanderung vom Klosterstift St. Marienthal nach Hirschfelde

Route: St. Marienthal - Rosenthal - Hirschfelde

Im engen Durchbruchstal der Neiße können Starkniederschläge rasch zu Hochwassern führen, in Rosenthal und Marienthal finden sich Häuser mit entsprechenden Wasserstandsmarken.

Der Asphaltweg nach Hirschfelde folgt über etwa sechs Kilometer dem Schlängellauf der Neiße. Mitunter treten links oder rechts des Flusses steile Granitfelshänge zutage. Nach jeder Biegung eröffnet sich dem Betrachter ein neues Bild. Häufig erscheint die Neiße düster, dann aber tauchen wieder Stromschnellen oder liebliche Wiesen auf.

In **Rosenthal** begrüßen uns kleine Fachwerkhäuser, am Markt von **Hirschfelde** einige hübsche Vorlaubenhäuser, die neben vielen Umgebindehäusern erhalten blieben.

Das **Kraftwerk Hirschfelde**, 1911 in Betrieb genommen und damit ältestes Braunkohlekraftwerk Deutschlands, ist stillgelegt und zum **Technischen Museum** umgestaltet. In Hirschfelde wird übrigens ›Fit‹ produziert, das bekannteste Spülmittel Ostdeutschlands.

Länge: 9 Kilometer.

Bahn: Von Hirschfelde nach Ostritz (Bahnhof Krzewina-Zgorzelecka) mit der ODEG im Stundentakt. Die gemächliche Fahrt ist wegen der exponierten Lage im Neißetal ein besonderes Erlebnis.

Ostritz/St. Marienthal

Vorwahl: 035823.

Tourismus- u. Besucherservice St. Marienthal, Tel. 77300, www.kloster-marienthal.de; www.kloster-service.de.

Internationales Begegnungszentrum im Kloster St. Marienthal (€€), Tel. 770, www.ibz-marienthal.de.

Klosterschenke, Tel. 87715, tgl. 11–22 Uhr. In einem hübschen Fachwerkhaus aus dem Jahr 1740 vor dem Klostertor mit Sommergarten unter alten Kastanien. Auf Bestellung auch Imbiss auf der idyllischen Klosterinsel.

Kloster, tgl. 10–12 und 14–16.15 Uhr, Klosterführungen Mitte April–Ende Okt. tgl. 15 Uhr, Nov.–April Sa/So 15 Uhr, Treffpunkt Dreifaltigkeitsbrunnen auf dem Klosterhof. Termine für die Klosterkonzerte im Gästeempfang (s.o.).

Klosterkirche, Besichtigung nur im Rahmen der Klosterführungen.

Bibelgarten, tgl. 9–18 Uhr.

Klostermarkt mit Bäckerei, Mo–Fr 9–16.30, Sa/So 10–16 Uhr. Bestellungen für Torten, Ostergebäck, Pfefferkuchen und Stollen: Tel. 77376 oder klosterbaeckerei@kloster-marienthal.de.

Kloster-Nähstube, in der Probstei, auf Anfrage, Tel. 77348.

Osterreiten zwischen Ostritz u. Klosterstift (Ostersonntag). **Frühlingsfest** (April). **Herbstfest** (Okt.). **Adventsmarkt** (Mitte Dez.).

▶ Karte: Buchrückseite

Eine Rundwanderung in den Königshainer Bergen

Route: Königshain/Oberdorf - Granitabbaumuseum - Thadenbruch-Totenstein - Hochsteinbaude - Königshain/Oberdorf

Die Königshainer Berge, dieses kleine, zweigeteilte Bergmassiv, gehören zum Ostlausitzer Hügelland. Man findet in Karten auch die Bezeichnung Königshainer Gebirge - ein Name, der wegen der Lage der Berggruppe im beinahe flachen Umland durchaus berechtigt erscheint. Die einzelnen Granitfelsen sind nur ein kümmerlicher Rest von ehemals fast 100 frei stehenden Felsklippen, -türmen oder -burgen. Die gute Spaltbarkeit, Härte und enorme Beständigkeit in Form und Farbe machten den Königshainer Stockgranit zu einem begehrten Gut. Den Namen bekam das Gestein, weil es vor Urzeiten den Lausitzer Hauptgranit durchbrach und als geologisch jüngerer ›Stock‹ zu Tage trat. Mit dem Abbau der freistehenden Felsen wurde im 16. Jahrhundert begonnen, erste Steinbrüche wurden vor etwa 200 Jahren aufgeschlossen. Königshainer Granit steckt in zahlreichen Görlitzer Bauten, im Sockel des Berliner Reichstags und dem S-Bahnhof Alexanderplatz, dem Leuchtturm am Kap Arkona auf Rügen und im neuen Fichtelberghaus. Unzählige Denkmäler, Treppenstufen, Straßenpflaster und Bürgersteige Deutschlands wurden damit errichtet, und auch für die große Uferschutzmauer an der Helgoländer Westküste verwendete man von 1911 bis 1914 etwa 3000 Kubikmeter Königshainer Granit.

Die Blütezeit des Granitabbaus war zwischen 1880 und 1955. Damals teilten sich zwei Firmen das Terrain um den Hochstein: Die Königshainer Granitwerke C. C. von Thaden und Co. GmbH und die Königshainer Granitwerke C. Besser Nachfolger/Bruno Jenichen GmbH. Nach 1945 produzierte man hier nur noch Groß- und Kleinpflaster, Reihensteine sowie verschiedene Mauersteine. Die Produktion lief bis Ende der 1960er Jahre. Endgültig wurde der Königshainer Granitabbau am Firstenbruch 1976 eingestellt.

Von der Wendeschleife im **Oberdorf** (Bushaltestelle) laufen wir auf einer schmalen Straße zum **ehemaligen Bahnhof**. Hier stehen seit der Stilllegung der Bahnstrecke Görlitz–Weißenberg noch einige Waggons, die vor sich hinrosten. Am Weg sieht man noch die Verlademauern für Waggons und LKW. Das Bahnhofsgebäude bleibt links liegen, ein schmaler Pfad führt weiter leicht bergan, erst über eine Wiese, dann nahe einer Kleingartensiedlung in den **Mischwald**. Bald sieht man zwei Fundamente der einstigen Bremsbahn, die die abgebrochenen Steine ins Tal transportierte. Schräg gegenüber steht die Schachmannsäule. Einst krönte sie den Firstenstein, der aber teilweise dem Abbau geopfert wurde. Carl Adolph Gottlieb von Schachmann (1725–1789) war ab 1753 Erbherr von Königshain und Gutsbesitzer. Er ging als Reformer der Landwirtschaft und Sozialverhältnisse in die Geschichte ein. Seinen Untertanen schenkte er noch einige Jahre vor den Stein-Hardenbergschen Reformen die Freiheit als bäuerliche Eigentümer. Als Kunstfreund, Maler, Radierer und Numismatiker war er ein geachtetes Mitglied der Oberlausitzischen Gesellschaft der Wissenschaften, die mit der **Schachmannsäule** das Gedenken an ihn wachhielt. Französische Steinbrucharbeiter fertigten die Säule. Sie wurde 1927 abgetragen und lagerte bis in die 1980er Jahre vergessen am Königshainer Bahnhof, bis das Denkmal 1996 hier wieder aufgestellt wurde.

Weiter geradeaus gelangt man ans Wasser des Firstenbruches, rechts dann zu einem imposanten **Aussichtspunkt** auf die fotogene Kolosseumswand und ins **Granitabbaumuseum**. Das ist ein Freilichtgelände mit mehreren Gebäuden, erhaltenen Transportmitteln, Maschinen und Gerätschaften. Wir gehen schräg durch das Terrain, dann den Pfad entlang der ehemaligen Aufzugstrecke leicht bergab und kommen zu einem weiteren **Aussichtspunkt**. Der hat zwei Sitzbänke, der Blick nach Nordosten reicht weit ins Görlitzer Umland, auffällig sind die vielen Windkrafträder.

Am Totenstein

Vor der **ehemaligen Schmiede** blieben linker Hand die Kleinbahngleise liegen. Sie geleiten uns zum **Thadenbruch,** der eine ähnlich imposante Wand wie der Firstensteinbruch besitzt.
Wieder zurück, schauen wir in die Schmiede, wo noch die Feuerstellen erhalten blieben, in denen die stumpf gewordenen Werkzeuge aufgearbeitet wurden. Im kleinen **Pulverbunker** lagerte der Sprengmeister die täglich erforderlichen Mengen, so ersparte er sich längere Wegstrecken zum Zentrallager. Oberhalb, direkt am Pfad, blieb die eiserne Pumpe des **Alten Brunnens** erhalten. Hier schöpfte man das Wasser für die Frühstücksbude. Gegenüber wächst eine merkwürdige Birke mit spannrückigem Stamm. Eine derartige botanische Rarität kann sich nur herausbilden, wenn es wie hier zum unterschiedlichen Wachstum der Kambiumschicht kommt. Am südlichen Rand des Hamannbruchs ›begrüßt‹ uns der **Kaffeekrug**. So heißt der große Felsen, der vom Abbau verschont wurde. Wir halten uns rechts, leicht bergab, eine Zeitlang am Rand des Hamannbruchs entlang. Nach etwa 300 Metern ist der **Totenstein** erreicht. Hier gehen wir links hinunter und können von der Nordseite über eine eiserne Treppe hinaufsteigen. Hier befand sich in der Bronze- und frühen Eisenzeit sowie in der slawischen Epoche ein kultischer Ort, wo die Menschen ihrer Verstorbenen gedachten. 1836 entdeckte man in einer Vertiefung, eingeschlagen in Form eines Lindenblattes, uralte Gefäßbruchstücke sowie viele weitere Keramik in nächster Nähe des Felsens. Somit gilt der Totenstein als einer der wenigen Orte in Deutschland, an dem eine Opferstätte eindeutig nachweisbar ist. Auch der überlieferte regionale Brauch des Todaustreibens – er wurde bis in das 18. Jahrhundert hinein gepflegt – ist eng mit diesem Felsgebilde verbunden.
Der preußische König Wilhelm IV. war bei seinem Besuch 1844 so beeindruckt, dass er den Totenstein ebenso wie den Hochstein unter Schutz stellen ließ. Es waren die ersten geologischen Naturdenkmäler

▶ Karte: Buchrückseite

in der Oberlausitz überhaupt, die diesen Status erhielten.
Wir gehen ein Stück um den benachbarten kleinen wassergefüllten Bruch. Der Pfad mündet in einen Fahrweg, den rechter Hand Fichten flankieren. An der nächsten Weggabelung biegen wir nach links ab, kurz vor dem Parkplatz nach rechts, dem Hinweisschild ›Kuckucksstein 0,8 km‹ folgend. Wir können auf dem breiten Fahrweg durch **Mischwald** zügig ausschreiten und erreichen nach wenigen Minuten den Abzweig nach links zum Teufelsstein (400 m). Wer hier 60 Meter zusätzlich geradeaus läuft, erblickt rechts hinter einer Sitzbank den Kuckuckstein – ein Miniaturfels im Vergleich zu den anderen. Wer auch noch den großen Teufelsstein sehen möchte, macht an der Weggabelung noch einen kurzen Abstecher nach rechts.
Auf dem **Hochsteingipfel** steht die Tür zur **Hochsteinbaude** mittwochs bis sonntags offen. Bei sommerlichen Temperaturen sitzt es sich angenehm auf der Terrasse. Lohnenswert ist der Aufstieg über exakt 100 Stufen zum stählernen **Aussichtsturm**, einem ausgemustertern Fallschirmspringerübungsturm aus den 1960er Jahren: Die Aussicht aus 22 Meter Höhe gehört zu den besten in der Oberlausitz. Iser- und Riesengebirge scheinen zum Greifen nahe, obwohl sie doch 50 bis 70 Kilometer entfernt sind. Dem Gebirgswall der Sudeten liegt Görlitz mit der Landeskrone zu Füßen. Im Süden grüßt die Lausche (Luž) an der deutsch-tschechischen Grenze, weiter westlich erheben sich Czorneboh und Bieleboh. Auf den Hochsteingipfel führen Stufen, Baumwipfel verhindern hier jedoch jegliche Aussicht. Am Fels liest man auf einer Gedenkplatte: ›Hier stand im Juni 1844 der König von Preußen Friedrich Wilhelm IV., der Freund und Beschützer vaterländischer Naturschönheit‹.
Um die Beschaulichkeit der Königshainer Berge auch weiterhin zu bewahren, wurden am nördlichen Fuß des kleinen Gebirges, bei Thiemendorf, über drei Kilometer der Neubau-Autobahn A 4 (Dresden–Görlitz) unterirdisch geführt. Nach Rennsteig- und Elbtunnel ist dies der drittlängste Straßentunnel Deutschlands.
Rechts des Turmes gelangt man über den mit einem roten Punkt markierten **Wanderweg** (1,3 km) in einer halben Stunde zurück zum Ausgangspunkt Königshain/Oberdorf.
Länge: 10 Kilometer.

Königshain/Königshainer Berge

Buslinie Nr. 145 ab Bahnhofsvorplatz Görlitz. Den Rufbus fürs Wochenende muss man Mo–Fr unter Tel. 0800/98664636 oder 03591/491100 bestellen. Für Fahrten Mo–Fr mindestens 60 Min. vorher anrufen.

Hochsteinbaude (€), Tel. 035826/60116, www.hochsteinbaude.de. Einfache Übernachtung, Gasthaus April–Okt. tgl. 11–18 Uhr, im Winter Mo u. Di Ruhetage.

Granitabbaumuseum Königshain, Ostern bis Okt. Mo–Fr 10–14.30, Sa/So 14–17 Uhr.

Die Wanderwege in den Königshainer Bergen sind mühelos zu finden

Niesky (Nieska)

Die Entstehungsgeschichte von Niesky – seit dem Jahr 1935 mit Stadtrechten ausgestattet – ist außergewöhnlich: Mitten im Wald, auf dem Besitz des Rittergutes Trebus, gestattete Gutsherr Siegmund von Gersdorff im Jahr 1742 die Ansiedlung von Protestanten, böhmischen Glaubensflüchtlingen, die wegen der Gegenreformation aus dem Habsburgerreich kamen. Sie waren frei von Erbuntertänigkeiten und feudalen Diensten. Unter der Obhut des Grafen von Zinzendorf bildeten sie eine Herrnhuter Brüdergemeine. So entstand in Niesky (niska = demütig) ein evangelisches Zentrum für Gläubige aus Böhmen und Mähren. In der Kleinstadt leben derzeit rund 10 000 Menschen.

Sehenswürdigkeiten

Zum Gedenken an den Wegbereiter der Brüdergemeine trägt der Markt den Namen **Zinzendorfplatz**. Architekt August von Gersdorf verwirklichte hier die städtebauliche Idee einer gleichgerichteten christlichen Gemeinschaft. Seit 1753 hat sich der Grundriss des Platzes kaum verändert. Die zwei Hauptwege über den Platz bilden ein Kreuz. Von Nord nach Süd führt noch heute die Hauptstraße, der Ost-West-Weg verband Beetsaal und Altes Pädagogium (jetzt Stadtbibliothek). An der Westseite des Platzes steht die **Kirche der Brüdergemeinschaft** (1774/75), auch das älteste Gebäude der Stadt (1742) befindet sich am Platz: Das Raschkehaus (Nr. 8) war Heimstatt des ersten Ortsvorstehers Johann Raschke. Im Erdgeschoss des heutigen Heimatmuseums sind Zeugnisse der Regio-nalgeschichte zu sehen, unter anderem ein Handwebstuhl und historisches Kücheninventar, im ersten Stock die Entwicklung von Europas größter Holzhausfabrik (→ Extra S. 148). Bemerkenswert ist die Sonnentreppe – drei Stufen mit ausgesägten Sonnen –, die das Licht des Flurfensters in den Abendstunden bis in die hinterste Ecke scheinen ließ.

Vom Heimatmuseum ist es nur ein Katzensprung zum **Friedhof der Brüdergemeinde**. Vom Zinzendorfplatz überquert man dazu die Ödernitzer Straße, geht durch die Hausunterführung (gelbe Fassade mit angemalten Fenstern) und folgt der Ringstraße geradeaus. Viele ebenerdige Grabplatten im lichten Birkenwäldchen wachsen langsam zu und verwittern.

Ein Gebäude der Holzhaussiedlung in Niesky

▲ Karte: Buchrückseite

Am westlichen Stadtrand, in der Goethestraße, wurde 1927 das heutige Konrad-Wachsmann-Haus errichtet. In der unmittelbaren Nachbarschaft stehen noch weitere ehemalige Beamtenwohnhäuser, so das Gärtner- und Kutscherhaus. Auch sie sind allesamt aus Holz erbaut.

Das **einstige Direktorenhaus** (heute Museum Konrad-Wachsmann-Haus) für die Familie eines Vorstandsmitglieds sowie das Sommerhäuschen für Albert Einstein in Caputh bei Potsdam sind die einzigen von Konrad Wachsmannn projektierten Bauten, die deutschlandweit erhalten blieben. Es steht mustergültig für den modernen Holzbau während der Weimarer Republik und wurde zum Baudenkmal von internationaler Bedeutung erklärt. Die Dauerausstellung im Erdgeschoss thematisiert die Holzbauten der Moderne. Auch kann man sich in vielen Reprint-Musterhauskatalogen über die einstige Vielfalt der angebotenen Holzbautypen informieren. In einem Katalog aus den 1930er Jahren heißt es: »Der Wohnraum groß und geräumig, damit man frei atmen und sich bewegen kann. Davor die große ebenerdige Terrasse, offen zum Garten und der Sonne«. Die Hauskosten schwankten und richteten

Auch aus Holz: die Kirche St. Josef

sich nach dem Gewicht der Hölzer und deren aktuellem Marktpreis.

Um das Käuferinteresse zu wecken, entstanden in Niesky zwischen 1918 und 1940 etwa 100 Musterbauten, die erhalten blieben. Vier **Werksiedlungen** wurden errichtet, die katholische **Kirche St. Josef** in der Rosenstraße 1935 ebenso aus Holzfertigteilen erbaut. Die Mehrzahl der Holzhäuser ist im Wesentlichen in ihrer Originalsubstanz erhalten, man sieht sie in der Blockhaus-, der Christoph-, der Fritz-Schubert- und der Konrad-Wachsmann-Straße.

Niesky

Vorwahl: 03588.

Touristinformation Niesky im Heimatmuseum, Zinzendorfplatz 8, Tel. 25580, www.niesky.de.

Niesky ist ein Bahnhaltepunkt auf der Strecke Görlitz–Hoyerswerda, vom Bahnhof Horka verkehrt Bus Nr. 131 nach Niesky.

Bürgerhaus Niesky (€€), Muskauer Str. 31, Tel. 257770, www.buergerhaus-niesky.de.

Pension Body Sun (€), Muskauer Str. 30, Tel. 201718, www.pension-bodysun.de.

Restaurant & Café Becker, Rothenburger Str. 55; Di–Sa 10–22, Sa/So 8–20 Uhr.

Campingplatz Tonschacht, Niesky-See, Tel. 205771, www.campingplatz-tonschacht.de; Mitte April–Mitte Okt. Badesee mit separatem FKK-Strand.

Konrad-Wachsmann-Haus, Goethestraße 2, Tel. 2239793, www.wachsmannhaus.niesky.de; So–Do 10–16 Uhr.

Heimatmuseum, Zinzendorfplatz 8, Tel. 25600, www.museum.niesky.de; Mo–Fr 10–17, So 14–17 Uhr.

EXTRA

Konrad Wachsmann und seine Holzhäuser

Der Tischler Christoph und der Architekt Unmack gründeten 1897 in Niesky einen Betrieb, der sich auf die Herstellung transportabler Militärunterkünfte spezialisierte, bereits 1900 waren auch Fertigteilhäuser im Angebot. Nach dem Ersten Weltkrieg war Niesky Europas größte Holzhausfabrik, die Christoph & Unmack AG lieferte auch nach Übersee. 1936 kam aus Niesky das mit 118 Metern höchste Holzbauwerk der Welt, der Funkturm des Senders Gleiwitz. Die Holzbauten wurden als preiswert, dauerhaft, wärmedämmend, zweckmäßig und modern beworben. Die etwa 100 Musterbauten in Niesky dienten gleichzeitig als Wohnhäuser für die Belegschaft.

Als Sohn einer jüdischen Apothekerfamilie in Frankfurt (Oder) geboren, ging Konrad Wachsmann als Pionier des industriellen Bauens in die Geschichte ein. Sein berufliches Rüstzeug erhielt er auf der Berliner Kunstgewerbeschule, anschließend studierte er hier Architektur. Professor Hans Poelzig gab ihm schließlich den Rat, sich in Niesky zu bewerben. 1926 kam Wachsmann in die Oberlausitz und wurde 1929 zum Chefarchitekten der Christoph & Unmack AG berufen. Hier perfektionierte er die Massenproduktion von Holzfertigteilbauten, entwarf auch Bahnhöfe, Hotels, Schulen und Krankenhäuser. Wachsmann projektierte für den Nobelpreisträger Albert Einstein ein Landhaus in Caputh und fand damit große internationale Anerkennung. In der Rückschau erinnert sich Wachsmann: » ... Es wurde der entscheidende Schritt meines Lebens. Eben hatte ich in Paris noch voller Verzweiflung nach einem Weg gesucht. Und hier, mitten auf dem Lande, in der tiefsten Provinz, fand ich seine erste Spur. In den Holzhallen der Fabrik öffnete sich mir die Welt der Maschinen, der Technologien, der Anfänge des industriellen Bauens. Alles was dann kam, in Berlin, New York, Tokio, Chicago, London, Moskau, Paris, ... oder Warschau geschah, das alles begann in Niesky«.

1941 emigrierte der als Jude verfolgte Wachsmann von Südfrankreich aus in die USA und hob dort zusammen mit Walter Gropius die General Panel Corporation, die erste automatisierte Fertighausfabrik der Welt, aus der Taufe. Die Einzelteile konnten auch von fünf Ungelernten in weniger als neun Stunden zusammengesetzt werden, Fenster und Türen waren fabrikseitig schon eingebaut. 1949 übernahm Wachsmann eine Professur am Institute of Design in Chicago, jener Institution, die unter anderem von Walter Gropius als Nachfolger für das Bauhaus Dessau ins Leben gerufen worden war. Wachsmann sorgte mit aufsehenerregenden Konstruktionssystemen für freitragende Hallen nochmals für internationale Furore und zählte nun zu den Top-Architekturlehrern der Welt. Konrad Wachsmann verstarb 1980 in Los Angeles und wurde seinem letzten Wunsch gemäß in seiner Geburtsstadt Frankfurt (Oder) beigesetzt.

Im Wachsmannhaus

Literaturhinweise

Alexatos Gerassimos, Die Griechen von Görlitz 1916–1919, Verlag Frank & Timme GmbH, Berlin 2017. Alles begann im Sommer 1916, als 7000 griechische Soldaten und Offiziere unter dramatischen Umständen in die damals schlesische Stadt Görlitz kamen.

Andreas Gert, Mystisches Görlitz, ein außergewöhnlicher Stadtführer. Oberlausitzer Verlag 2014. Auf den Spuren von Görlitzer Sagen und Legenden.

Michael Guggenheimer, Görlitz. Schicht um Schicht; Spuren einer Zukunft. Lusatia Verlag Bautzen 2004. Görlitzer Geschichten, Autobiografisches und Reiseführer in einem.

Richard Jecht, Topographie der Stadt Görlitz. Herausgeber Aktionskreis für Görlitz. Geschichte der Stadt Görlitz 1927–1934. Erhältlich im Büro des Aktionskreises Klosterplatz oder antiquarisch im Buchhandel.

Rainer Kitte, Görlitz Rückblick in Bildern, Lusatia Verlag Bautzen 2015. Der Görlitzer Alltag in beeindruckenden Fotografien festgehalten.

Peter Mitsching, Paul Friedrich Gerhard Röhr – Architekt zu Görlitz. Der Baumeister Röhr wurde 1859 in Görlitz geboren und beeinflusste viele Häuser im Stil des Historismus, des Jugendstils und der 1920er Jahre. Erhältlich zum Preis von 25 € im i-vent-Tourismusbüro, in mehreren Buchhandlungen und in der Görlitzer Denkmalschutzbehörde.

Jörg Schöner, Auferstehung eines Denkmals, Momente Publikation der Deutschen Stiftung Denkmalschutz, im Buchhandel erhältlich. Seit vier Jahrzehnten ist der Dresdner Fotograf Jörg Schöner mit seiner Kamera in Görlitz unterwegs, und viele Baudenkmäler wurden während ihres Verfalls und der Wiederauferstehung fachmännisch abgelichtet.

Frank Vater, Görlitz, Eine Stadt mit vielen Gesichtern. Eigenverlag via regia Buchhandlung Görlitz 2015. Beschreibung der wichtigsten Sehenswürdigkeiten, opulente Ausstattung mit 150 Fotos, darunter viele Innenansichten von Hallenhäusern.

Görlitz im Internet

www.goerlitz.de Offizielle Görlitz-Website mit vielen touristischen Infos.

www.zgorzelec.eu Offizielle Seite von Zgorzelec (auch deutsche Version).

www.goerlitz-tourismus.de Website der Tourismusinformation i-vent.

www.goerlitz.de/Goerlitzer_Ratsarchiv.html Allein quantitativ ist das Ratsarchiv das bedeutendste Kommunalarchiv der Oberlausitz und eines der bedeutendsten Sachsens.

www.goerlitzer-anzeiger.de Online-Blog: Infos aus Lokalpolitik, Ökonomie, Wirtschaft und Kultur.

www.goerlitztourismus.de Noch eine private Website mit kurzem Görlitz-Travel-Guide.

www.facebook.com/Görlitz-Insider-787206407978678 Aktuelles und interessante Rückblicke auf Görlitzer Geschichte mit Fotos.

Die Autoren

Die Fotografin Kerstin Micklitza und der Reisejournalist André Micklitza haben zusammen zahlreiche Reiseführer über Polen, Tschechien und die Slowakei verfasst. Im Trescher Verlag erschienen neben dem vorliegenden Stadtführer ›Görlitz‹ die Titel ›Lausitz – Zwischen Spreewald und Zittauer Gebirge‹ (6. Auflage 2020), ›Spreewald‹ (6. Auflage 2021), ›Polnische Ostseeküste‹ (10. Auflage 2020), ›Tschechien‹ (6. Auflage 2020), ›Böhmisches Bäderdreieck‹ (3. Auflage 2019) sowie ›Masuren‹ (11. Auflage 2021).
Viele Micklitza-Reisefotos sind im Portfolio der renommierten Bildagentur Huber eingestellt (www.huber-images.de).

Danksagung

Dank an alle Görlitzer, die uns bereitwillig ihre Türen öffneten. Dank gilt der Historikerin Dr. Martina Pietsch vom Schlesischen Museum, der Historikerin Ines Haaser sowie dem Museumsleiter Dr. Jasper v. Richthofen (Kulturhistorisches Museum), dem Berliner Filmregisseur Ronald Steckel sowie dem Görlitz-Autor und Stadtführer Frank Vater. Besonderer Dank für die fachliche Beratung gebührt dem Denkmalpfleger Peter Mitsching. Ohne ihn wären uns nicht nur die Kannelüren mit Pfeifen verborgen geblieben. Leser Friedhard König aus Cottbus gab einige wichtige Hinweise zur Aktualisierung – Danke!

Türklopfer am Barockhaus Neißstraße

Register

Bildnachweis

Alle Fotos von Kerstin Micklitza, außer: Europastadt Görlitz-Zgorzelec GmbH (S. 16r.); B. Kloth (S. 97); Landskron (S. 105); mauritius images/Novarc/Hans P. Szyszka (Titel); nootheater & Organisation zur Umwandlung des Kinos 2015 (S. 117); Stadtverwaltung Görlitz (S. 16l.).

Abdruck des Nahverkehrsplans in der hinteren Umschlagklappe mit freundlicher Unterstützung der Görlitzer Verkehrsbetriebe GmbH (GVB)

Kartenregister

Kartenlegende

- Bahnhof
- Bar
- Brunnen
- Burg/Festung
- Burgruine
- Busbahnhof
- Café
- Campingplatz
- Denkmal
- Hafen
- Hotel
- Kino
- Kirche
- Kloster
- Krankenhaus
- Markt
- Museum
- Naturschutzgebiet
- Parken
- Parkhaus
- Post
- Restaurant
- Ruine/Ausgrabungsstätte
- Sehenswürdigkeit
- Supermarkt
- Synagoge
- Theater
- Tor
- Touristeninformation
- Turm
- Zoo

- Sehenswürdigkeit
- Burg
- Kirche
- Friedhof
- Zeltplatz
- Berggipfel
- Seilbahn

- Autobahn
- Schnellstraße
- Hauptstraße
- sonstige Straßen
- E 65 Europastraße
- A 65 Autobahn
- 243 Bundesstraße
- Eisenbahn
- Grenzübergang
- Staatsgrenze
- Hauptstadt
- Stadt/Ortschaft

Zeichenlegende

- Allgemeine Informationen
- Bahnhof, Bahnverbindungen
- Busbahnhof, Busverbindungen
- Flughafen, Flugverbindungen
- Hotels
- Campingplätze
- Restaurants
- Cafés
- Museen
- Konzerte, Festivals, Veranstaltungen
- Einkaufsmöglichkeiten